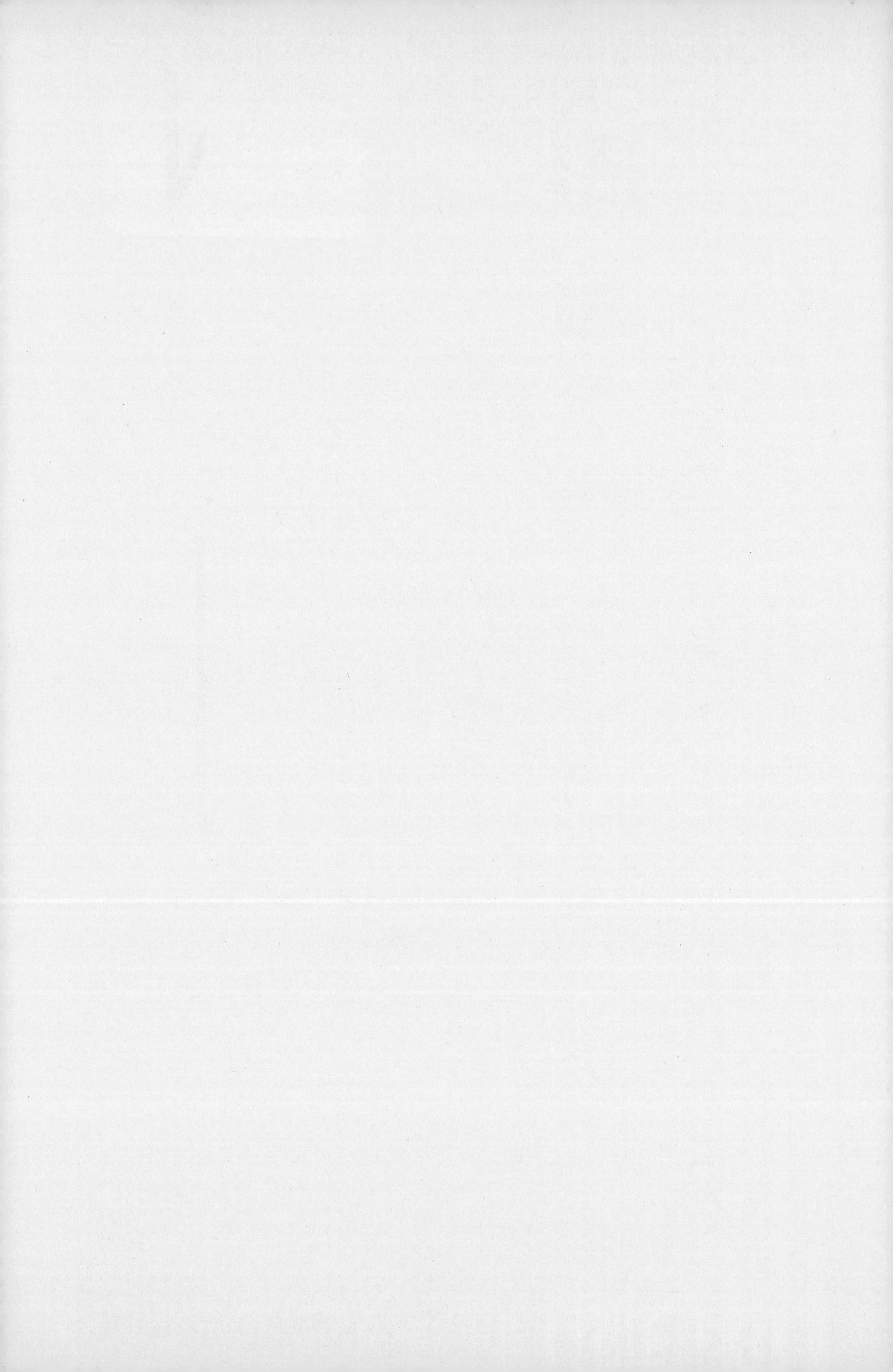

日本語総まとめ N5

NIHONGO SO-MATOME

佐々木仁子
松本紀子

多言語対応版 ▶

ask

この本<ruby>本<rt>ほん</rt></ruby>でつかっているマーク　Marks used in this book / Các ký hiệu sử dụng trong sách này

◇　とくべつな 読<ruby>読<rt>よ</rt></ruby>みかたです。　This indicates "special reading of kanji" / Cách đọc đặc biệt.

↔　はんたいの いみの ことばです。　This indicates "antonyms" / Từ trái nghĩa.

✕　まちがった つかいかたです。　This indicates "incorrect usage" / Cách dùng sai.

✳　これも おぼえましょう。　This indicates "extra vocabulary to learn" / Hãy nhớ cả từ này.

❶　ちゅういしましょう。　This indicates "things to be aware of" / Hãy chú ý.

✳かんじの 下<ruby>下<rt>した</rt></ruby>には 漢越語<ruby>漢越語<rt>かんえつご</rt></ruby>を しめしています。　A Sino-Vietnamese reading is shown under each kanji. / Có âm Hán Việt dưới các Hán tự.

翻訳<ruby>翻訳<rt>ほんやく</rt></ruby>リスト

（Lista de traduções、Daftar terjemahan、अनुवाद सूची、Listahan ng pag sasalin、

පරිවර්තන ලැයිස්තුව、ဘာသာပြန်စာရင်း）

各言語<ruby>各言語<rt>かくげんご</rt></ruby>の 翻訳<ruby>翻訳<rt>ほんやく</rt></ruby>が QR コードからご覧<ruby>覧<rt>らん</rt></ruby>いただけます。

Tradução em português disponível por meio de código bidimensional.

Terjemahan Bahasa Indonesia dapat dilihat melalui kode batang dua dimensi.

तपाईंले QR कोडबाट नेपाली अनुवाद हेर्न सक्नुहुन्छ।

Maaaring tingnan ang pagsasalin sa tagalog mula sa dalawang-dimensional na code.

සිංහල භාෂා පරිවර්තනය QR කේතය භාවිතයෙන් බැලිය හැකිය.

မြန်မာဘာသာပြန်ကို၊ QRကုဒ်မှကြည့်ရှုနိုင်ပါသည်။

✳翻訳言語<ruby>翻訳言語<rt>ほんやくげんご</rt></ruby>が 追加<ruby>追加<rt>ついか</rt></ruby>されても、本書<ruby>本書<rt>ほんしょ</rt></ruby>の QR コードはそのままお使<ruby>使<rt>つか</rt></ruby>いいただけます。

この本は
▶ 日本語能力試験（JLPT）N5 合格を目指す人
▶ 日常生活でよく使われる基本的な文型や漢字・語彙を勉強したい人
▶ やさしい会話を聞き取れるようになりたい人
のための学習書です。

◆この本の特長◆

• 日本語能力試験（JLPT）N5 でよく出題されるポイントを 6 週間で効率よく学習できます。

• N5 受験対策だけでなく、日常生活で役に立つ基本的な文型、文章、聞き取りの勉強ができます。

• 翻訳がついているので、一人でも勉強できます。

がんばって勉強してください。

2023 年 9 月

佐々木仁子

松本紀子

This book is for:
▶ people hoping to pass the N5 level JLPT
▶ people who want to study grammar, kanji and vocabulary for use in everyday life
▶ people who want to understand simple conversations

What's unique about this book?
• In six weeks, you'll be able to efficiently study points that often appear on the N5 level JLPT.
• You can study basic grammar, word syntax and listening not only for the N5 JLPT, but also for everyday use.
• This book includes English and Vietnamese translation so you can study on your own.

Please study hard!

Quyển sách này là sách học dành cho:
▶ Các bạn đặt mục tiêu thi đậu Kỳ thi Năng lực Nhật ngữ (JLPT) cấp độ N5
▶ Các bạn muốn học các mẫu câu, Hán tự, từ vựng căn bản thường được sử dụng trong sinh hoạt thường ngày.
▶ Các bạn muốn nghe được các đoạn hội thoại đơn giản.

Đặc trưng của quyển sách này
• Có thể học các điểm thường được đưa ra trong Kỳ thi Năng lực Nhật ngữ (JLPT) cấp độ N5 trong 6 tuần một cách hiệu quả.
• Có thể học các mẫu câu, đoạn văn, nghe hiểu căn bản có ích trong sinh hoạt thường ngày chứ không chỉ là đối sách dự thi N5.
• Có thể tự học một mình vì có phần dịch tiếng Anh - tiếng Việt.

Các bạn hãy cố gắng học nhé.

もくじ Table of Contents / Mục lục

📝 試験日
しけんび

年2回（7月と12月の初旬の日曜日）
ねん　かい　　がつ　　　がつ　しょじゅん　にちようび

※海外では7月の試験だけを行う都市や、12月の試験だけを行う都市があります。
かいがい　　　がつ　しけん　　　おこな　とし　　　　がつ　しけん　　　おこな　とし

📝 レベルと認定の目安
にんてい　めやす

N5 の認定の目安は「基本的な日本語をある程度理解することができる」です。
にんてい　めやす　　きほんてき　にほんご　　　ていどりかい

📝 試験科目と試験時間
しけんかもく　しけんじかん

言語知識（文字・語彙）＜25分＞　言語知識（文法）・読解＜50分＞　聴解＜30分＞
げんごちしき　もじ　ごい　　　ふん　げんごちしき　ぶんぽう　どっかい　　ふん　ちょうかい　　ふん

📝 N5 の合否の判定
ごうひ　はんてい

「得点区分別得点」と、それらを合計した「総合得点」の二つで合否判定を行います。得
とくてんくぶんべつとくてん　　　　　　ごうけい　　　そうごうとくてん　ふた　　ごうひはんてい　おこな　　　とく

点区分ごとに基準点が設けられており、一つでも基準点に達していない場合は、総合得
てんくぶん　　きじゅんてん　もう　　　　　　ひと　　きじゅんてん　たっ　　　ばあい　そうごうとく

点が高くても不合格になります。
てん　たか　　ふごうかく

総合得点 そうごうとくてん		得点区分別得点 とくてんくぶんべつとくてん			
		言語知識 げんごちしき （文字・語彙・文法）・読解 もじ　ごい　ぶんぽう　どっかい		聴 解 ちょうかい	
得点の範囲 とくてん　はんい	合格点 ごうかくてん	得点の範囲 とくてん　はんい	基準点 きじゅんてん	得点の範囲 とくてん　はんい	基準点 きじゅんてん
0〜180点 てん	80点 てん	0〜120点 てん	38点 てん	0〜60点 てん	19点 てん

試験日、実施日、出願の手続きのしかたなど、「日本語能力試験」の詳しい情報は、
しけんび　じっしび　しゅつがん　てつづ　　　　　にほんごのうりょくしけん　くわ　じょうほう

日本語能力試験のウェブサイト　https://www.jlpt.jp をご参照ください。
にほんごのうりょくしけん　　　　　　　　　　　　　　　　さんしょう

この本のつかいかた
How to use this book
Cách sử dụng quyển sách này

＜かんじ＆ことば＞ Kanji and Vocabulary
Hán tự & Từ vựng

◆第1週と 第2週の 1日目から 6日目で、「かんじと ことば」を べんきょうします。
7日目は、その 週に べんきょうした ことを かくにんする 「まとめもんだい」です。

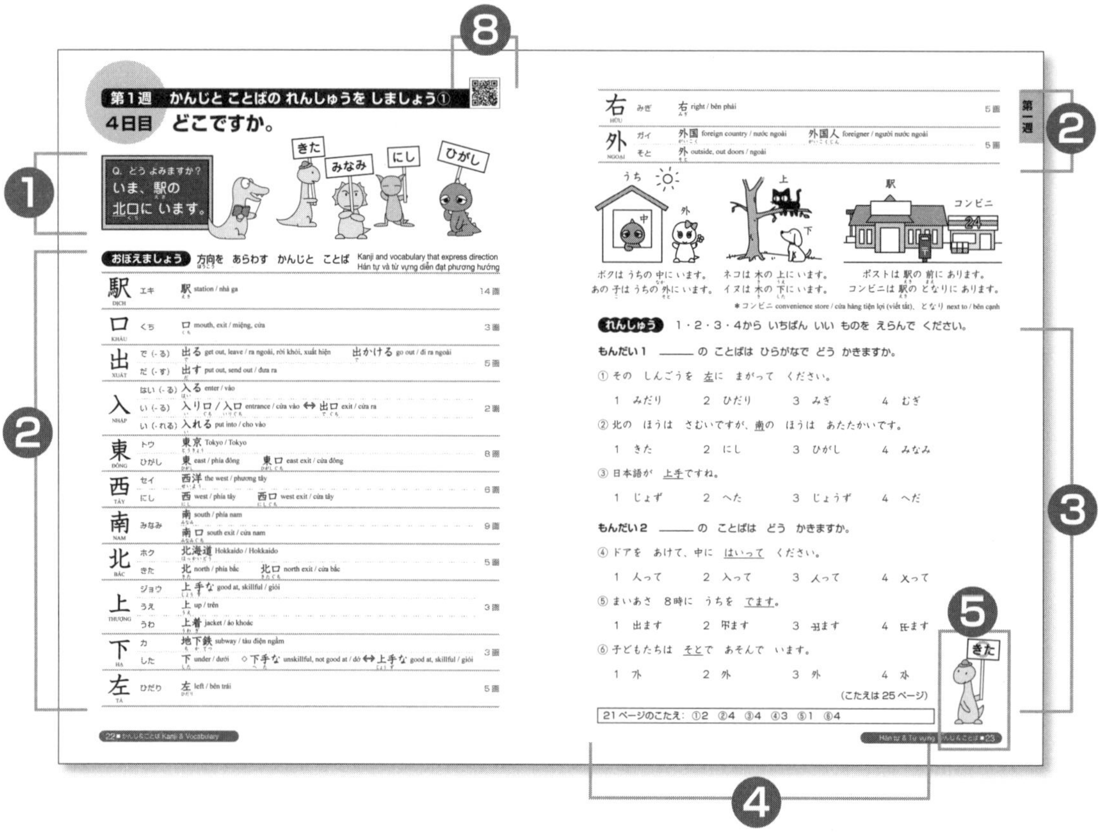

① はじめに、この もんだいを、やって みましょう。

First, try answering this question.
Trước tiên, hãy thử làm câu này.

② この 日に おぼえたい かんじと ことばです。

These are the kanji and vocabulary you should learn for this day.
Hán tự và từ vựng cần ghi nhớ vào ngày này.

③ れんしゅうもんだいです。こたえは、つぎの 日の 右ページの 下に あります。

These are practice questions. The answers are on the bottom of the page on the right in the section for the next day's lesson.
Bài tập luyện tập. Câu trả lời nằm ở dưới trang bên phải của ngày tiếp theo.

④ 前の 日の 「れんしゅう」の こたえです。

These are the answers for the practice questions from the day before.
Câu trả lời của phần "Luyện tập" của ngày hôm trước.

Study kanji and vocabulary in the first six days of the first and second weeks.

On the seventh day, there will be a summary test to check and review everything you've studied.

Các bạn sẽ học "Hán tự và Từ vựng" từ ngày thứ nhất đến ngày thứ 6 của tuần 1 và tuần 2.

Ngày thứ 7 là "Bài tập tổng hợp" để kiểm tra những gì bạn đã học ở tuần đó.

---

5 ❶の もんだいの こたえです。

This is the answer to question ❶.

Câu trả lời của câu ❶.

6 ちゅういする ことや、もっと おぼえたい ことばや、ひょうげんです。

These are points to take note of and additional vocabulary and phrases to learn.

Điểm cần lưu ý, từ vựng và cách diễn đạt nên ghi nhớ hơn nữa.

7 左の ページで、べんきょうした かんじや ことばを、かくにんします。イラストの セリフも 読みながら、たのしく べんきょうしましょう。

Check the kanji and vocabulary on the left page. Enjoy learning while reading the dialogue in the illustrations.

Sẽ kiểm tra Hán tự và từ vựng đã học ở trang bên trái. Các bạn hãy vừa đọc lời thoại trong tranh vẽ vừa học thật vui nhé.

8 ここから ほんやくリストが 見られます。

You can see lists of translations from here.

Bạn có thể xem danh sách dịch từ đây.

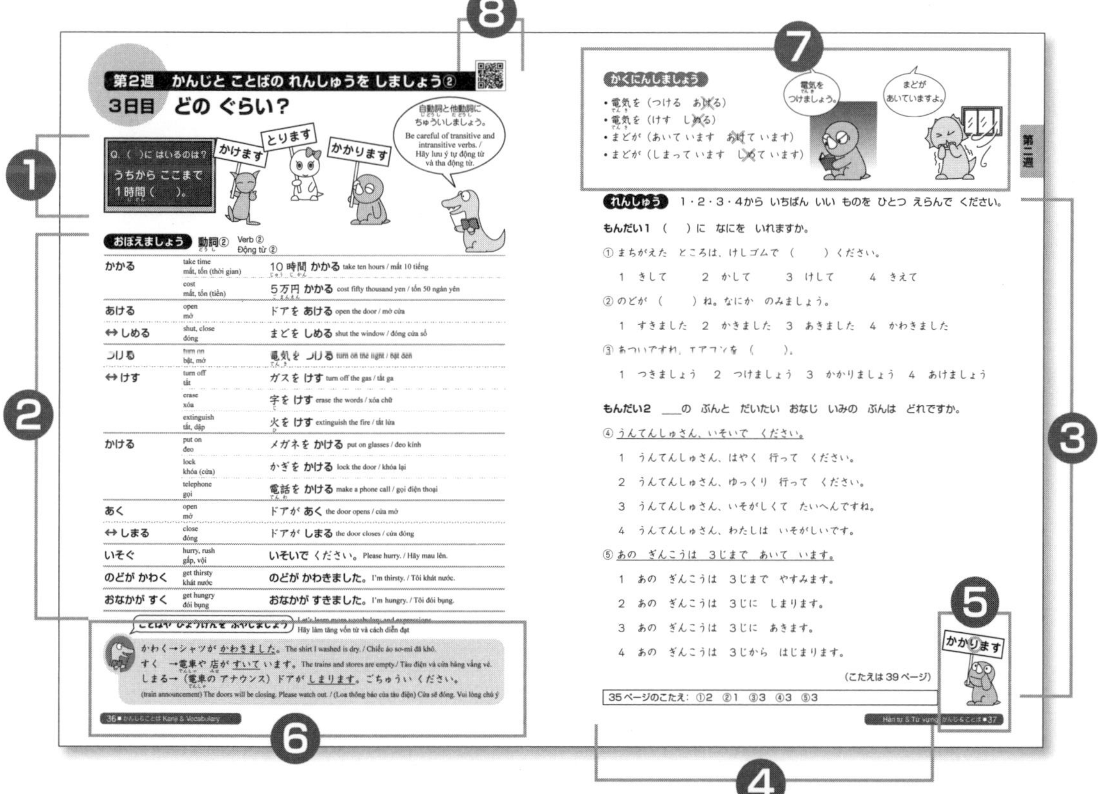

◆第3週〜第5週の1日目から6日目で、ぶんぽうを べんきょうします。
7日目は、ぶんぽうと 読む れんしゅうの「まとめもんだい」です。

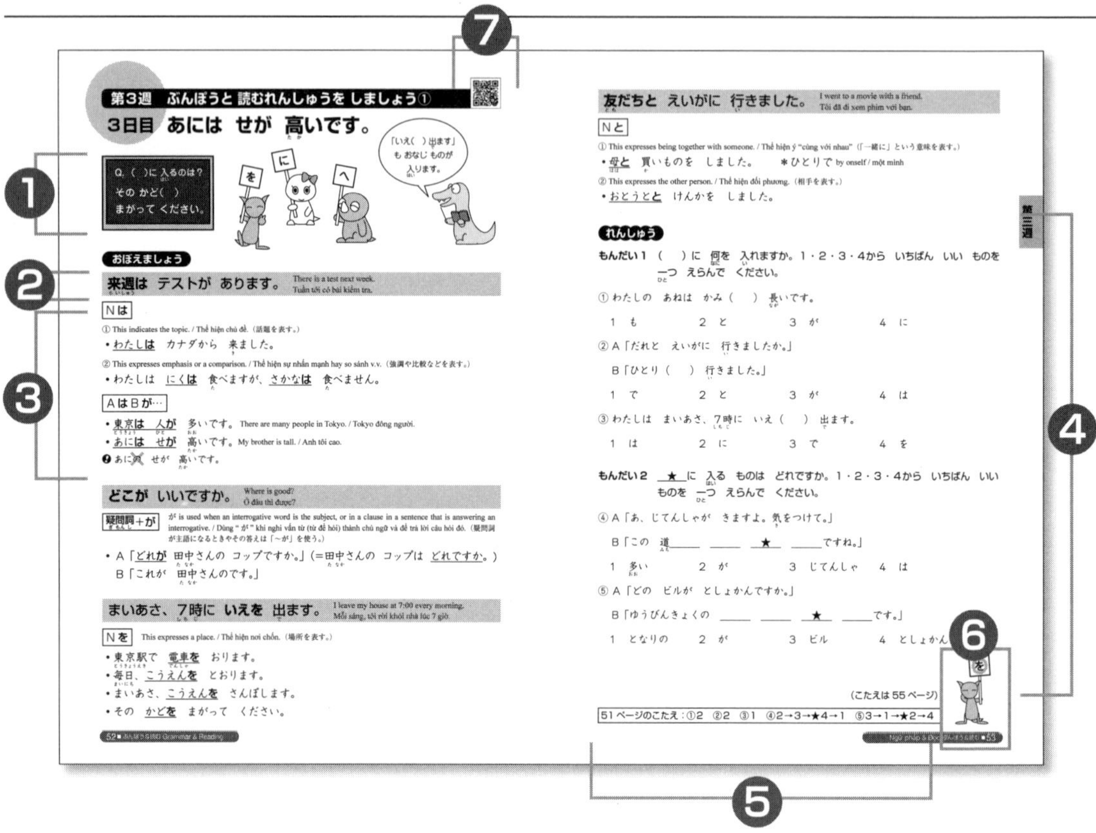

❶ はじめに、この もんだいを、やって みましょう。

First, try answering this question.
Trước tiên, hãy thử làm câu này.

❷ じゅうような れいぶんです。

This is a important example sentence.
Mẫu câu quan trọng.

❸ ぶんぽうや かいせつ、れいぶんです。

These are grammar and explanatory example sentences.
Mục ngữ pháp và giải thích, câu ví dụ.

❹ れんしゅうもんだいです。こたえは、つぎの 日の 右ページの 下に あります。
「もんだい1」は、ただしい ものを えらぶ もんだいです。
「もんだい2」は、ぶんを ただしく ならべる もんだいです。

These are practice questions. The answers on the bottom of the right page of the next day's unit. In question 1, you must choose the correct answer. In question 2, you must rearrange the sentence correctly.
Bài tập luyện tập. Câu trả lời nằm ở dưới trang bên phải của ngày tiếp theo. "Câu hỏi 1" là câu hỏi chọn câu đúng. "Câu hỏi 2" là câu hỏi sắp xếp câu cho chính xác.

❺ 前の 日の「れんしゅう」の こたえです。

These are the answers for the practice questions from the day before.
Câu trả lời của phần "Luyện tập" của ngày hôm trước.

Learn new grammar during the first to sixth days of weeks 3 to 5.
On the seventh day, there will be grammar and reading summary questions.
Các bạn sẽ học Ngữ pháp từ ngày thứ nhất đến ngày thứ 6 của tuần 3 ~ tuần 5.
Ngày thứ 7 là "Bài tập tổng hợp" của ngữ pháp và tập luyện đọc.

6 ❶の もんだいの こたえです。

This is the answer to question ❶.

Câu trả lời của câu ❶.

7 ここから ほんやくリストが 見られます。

You can see lists of translations from here.

Bạn có thể xem danh sách dịch từ đây.

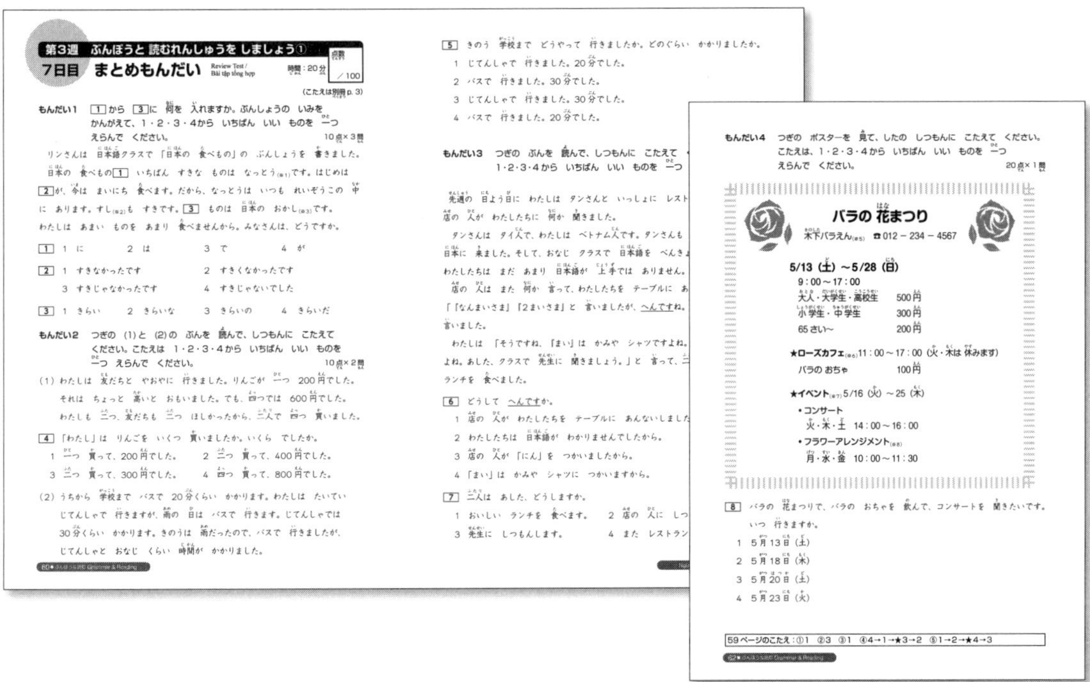

◇「もんだい1」は、ぶんしょうに あった ぶんぽうの かたちを、えらぶ もんだいです。

「もんだい2」は、いろいろな 話の みじかい ぶんしょうを、りかいする もんだいです。

「もんだい3」は、少し 長い ぶんしょうを りかいする もんだいです。どうして、何が あったか、どんな きもちか、などを かんがえて、こたえましょう。

「もんだい4」は、こうこくや パンフレットなどから、ひつような じょうほうを 読みとる もんだいです。

Question 1 is about the correct grammar for the sentence. You must choose the grammar form that best fits the sentence. Question 2 is a short dialog comprehension question. Question 3 is a longer dialog comprehension question. When answering these questions, consider things like why, what happened and how they felt. In question 4, you must read sources like advertisements and pamphlets and find the necessary information.

"Câu hỏi 1" là câu hỏi chọn hình thức ngữ pháp đúng với đoạn văn. "Câu hỏi 2" là câu hỏi lý giải đoạn văn ngắn về các câu chuyện. "Câu hỏi 3" là câu hỏi lý giải đoạn văn dài một chút. Hãy suy nghĩ và trả lời tại sao, đã xảy ra chuyện gì, tâm trạng thế nào v.v. "Câu hỏi 4" là câu hỏi đọc thông tin cần thiết từ quảng cáo và tập giới thiệu v.v.

◆第6週は、「聞く」れんしゅうを します。

1日目、2日目は、じゅんびの れんしゅうで、もんだいは ありません。1日目は、音声を 聞きながら、生活の いろいろな ばめんの あいさつの ことばを べんきょうします。

2日目は、せんたくしの タイプなどを べんきょうします。

3日目～6日目は、日本語能力試験（聴解）の もんだいの かたちの れんしゅうを します。

7日目は、「まとめもんだい」です。

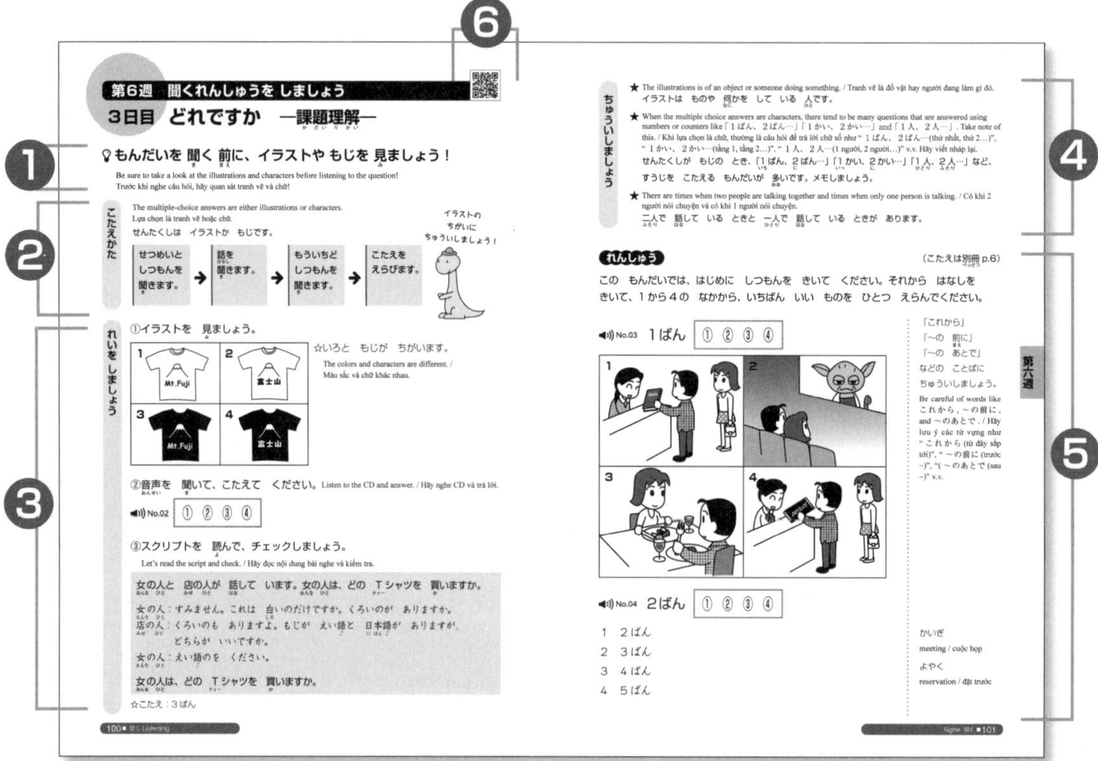

❶ この 日の ポイントです。
These are the main points for this day.
Điểm chính của ngày hôm nay.

❷ もんだいの こたえかたです。
This is how to answer the question.
Cách trả lời câu hỏi.

❸ れいを やって みましょう。 No.02 の すうじは、トラックの ばんごうです。こたえを マークしたら、スクリプトを 読んで、りかいできたか チェックします。

Try answering the example question. The audio mark tells you what track to listen to on the audio. Once you have marked your answer, read the script and check to see if you understood it.
Hãy làm thử ví dụ. Chữ số của (dấu giọng nói) là số track của bài nghe.
Sau khi đánh dấu câu trả lời, bạn hãy đọc nội dung bài nghe để kiểm tra xem mình có hiểu không.

❹ ちゅういする ひょうげんや、ポイントです。
These are phrases and things to be careful of.
Cách diễn đạt và các điểm chính cần lưu ý.

In week 6, you will practice listening.
During the first and second days, you will do preparatory practice, so there will be no questions. On the first day, you will learn greetings for various situations while listening to the audio. On the second day, you will learn about things like the types of multiple choice answers.
The third to sixth days are dedicated to practicing JLPT style questions.
On the seventh day, you will complete summary questions.
Tuần thứ 6 là luyện tập "Nghe".
Ngày thứ nhất, ngày thứ 2 là luyện tập chuẩn bị nên không có bài tập. Ngày thứ nhất, bạn sẽ vừa nghe giọng nói vừa học những từ vựng chào hỏi trong các tình huống sinh hoạt khác nhau. Ngày thứ 2, bạn sẽ học các kiểu lựa chọn v.v.
Ngày thứ 3 ~ ngày thứ 6, bạn sẽ luyện tập hình thức câu hỏi của Kỳ thi Năng lực Nhật ngữ (Nghe hiểu).
Ngày thứ 7 là "Bài tập tổng hợp".

❺ れんしゅうもんだいです。音声を 聞きながら、こたえましょう。
スクリプトや こたえは、別冊に あります。

These are practice questions. Listen to the audio and answer them.
The scripts and answers are in the separately attached supplementary booklet.
Bài tập luyện tập. Hãy vừa trả lời vừa nghe giọng nói.
Nội dung bài nghe và câu trả lời có ở sách phụ lục.

❻ ここから ほんやくリストが 見られます。

You can see lists of translations from here.
Bạn có thể xem danh sách dịch từ đây.

5日目 (p. 105)

	こたえ	スクリプト
1ばん ◀ No.09	3	けしゴムがありません。友だちに何と言いますか。 1 けしゴム、つかいましょうか。 2 けしゴム、かりませんか。 3 けしゴム、かしてください。
2ばん ◀ No.10	2	テレビのおとがうるさいです。何と言いますか。 1 ちょっと、電話をしないでください。 2 ちょっと、テレビのおと、小さくしてください。 3 ちょっと、テレビを見ましょう。

6日目 (p. 107)

	こたえ	スクリプト
1ばん ◀ No.12	2	田中さんは、きょうだいがいますか。 1 母といっしょにいます。 2 おとうとがひとりいます。 3 だれもありません。
2ばん ◀ No.13	2	田中さんは、何時にかえりましたか。 1 まだ来ません。 2 5時ごろです。 3 バスでかえりました。
3ばん ◀ No.14	1	なつ休みにどこへ行きますか。 1 国にかえります。 2 行ってきます。 3 気をつけてください。
4ばん ◀ No.15	3	それは、だれの本ですか。 1 いいえ、じしょです。 2 日本語の本です。 3 トムさんのです。

⑧

第6週 · まとめもんだい (p. 108)

もんだい1

	こたえ	スクリプト
1ばん ◀ No.16	3	クラスで先生が話しています。学生は何をもって、外へ出ますか。 女：今から、火事[※1]のときの れんしゅうをします。アナウンス[※2]が あったら、みんなでいっしょに外へ出ます。ノートや本などは もたないで、さいふだけもって、早く外へ出ます。 男：火事です。外へ出てください。これはれんしゅうです。火事です。外へ出てください。 女：さあ、早く！ あ、外はさむいですから、うわぎ[※3]はもって！ 学生は何をもって、外へ出ますか。
2ばん ◀ No.17	4	男の人と女の人が話しています。男の人は、何ばんせんの電車にのりますか。 男：すみません、この電車は 大山駅へ行きますか。 女：いいえ、大山駅へ行く電車は3ばんせん[※4]と4ばんせんです。 男：そうですか。 女：あ、でも、今の時間は5ばんせんから出ます[※5]。かいだんをあがって、むこう[※6]のホーム[※7]ですよ。 男：あ、はい、わかりました。ありがとうございます。 男の人は、何ばんせんの電車にのりますか。

（※1）火事 fire / hỏa hoạn
（※2）アナウンス announcement / loa thông báo
（※3）うわぎ coat, outer garment / áo khoác
（※4）～ばんせん track number ～ / tuyến số ～
（※5）（電車が）出る (a train) departs / (tàu điện) xuất phát
（※6）むこうの on the other side, over there / phía bên kia
（※7）ホーム platform / sân ga

⑨

◇第1週～第6週の 「まとめもんだい」の こたえや かいせつ、
スクリプト、ことばの いみなども、別冊に あります。

The answers, explanations, scripts and vocabulary word meanings for weeks 1 to 6 are also in the separately attached supplementary booklet.
Câu trả lời, phần giải thích, nội dung bài nghe, ý nghĩa từ vựng v.v. của "Bài tập tổng hợp" tuần 1~ tuần 6 cũng ở sách phụ lục.

この本<ruby>本<rt>ほん</rt></ruby>でつかわれているぶんぽうのことば

N	名詞 めい し	noun Danh từ	本、ペン、バス、雨 など

V	動詞 どう し	verb Động từ	グループ1	行く、読む、書く など
			グループ2	見る、ねる、食べる など
			グループ3	する、来る

	いきます	みます	します	きます
V る	いく	みる	する	くる
V た	いった	みた	した	きた
V ない	いかない	みない	しない	こない
V なかった	いかなかった	みなかった	しなかった	こなかった
V ~~ます~~	いき	み	し	き
V て	いって	みて	して	きて

i-A	い形容詞 けいようし	*i*-adjective Hình dung từ (Tính từ) loại I	高い、いい、大きい など

	たかいです	いいです
i-A い	たかい	いい
i-A かった	たかかった	よかった
i-A くない	たかくない	よくない
i-A くなかった	たかくなかった	よくなかった
i-A くて	たかくて	よくて

na-A	な形容詞 けいようし	*na*-adjective Hình dung từ (Tính từ) loại Na	しずかな、げんきな、きれいな など

	しずかです
na-A だ	しずかだ
na-A だった	しずかだった
na-A ではない	しずかではない／しずかじゃない
na-A ではなかった	しずかではなかった／しずかじゃなかった
na-A で	しずかで

かんじと ことばの れんしゅうを しましょう①

Let's practice kanji and vocabulary ① / Hãy luyện tập Hán tự và từ vựng ①

1日目　お名前は？
（な まえ）

おぼえましょう　会話で　おぼえましょう　Let's learn through conversations
（かい わ）
Hãy nhớ bằng hội thoại

漢字	読み	語彙	画数
先 TIÊN	セン / さき	先生 teacher / giáo viên, thầy cô　先月 last month / tháng trước お先に しつれいします。 Sorry, but I'll be leaving now. / Tôi xin phép (về / đi / dùng) trước.	6画
生 SINH	セイ / ショウ	生徒 student, pupil / học sinh　生活 life / cuộc sống, sinh hoạt たん生日 birthday / ngày sinh nhật	5画
学 HỌC	ガク	学生 student / sinh viên 学校 school / trường học	8画
人 NHÂN	ジン / ニン / ひと	日本人 Japanese person / người Nhật　外国人 foreigner / người nước ngoài ～人 counter for people / ～người　◇一人、二人、三人、四人… ひとり ふたり さんにん よにん 人 person / người　◇大人 adult / người lớn	2画
国 QUỐC	コク / くに	外国 foreign country / nước ngoài 国 country / nước, quốc gia	8画
男 NAM	おとこ	男の人 man / người đàn ông 男の子 boy / bé trai	7画
女 NỮ	おんな / ジョ	女の人 woman / người phụ nữ　女の子 girl / bé gái かの女 ① she / cô ấy ② girlfriend / bạn gái	3画
子 TỬ	こ	子ども child, children / trẻ em	3画
友 HỮU	とも	友だち friend / bạn bè	4画
父 PHỤ	ちち	父 father / cha (tôi), người cha ◇お父さん father / cha (cách nói lịch sự)	4画
母 MẪU	はは	母 mother / mẹ (tôi), người mẹ ◇お母さん mother / mẹ (cách nói lịch sự)	5画
名 DANH	メイ / な	有名な famous / nổi tiếng 名前 name / tên	6画

田 ÐIỀN	た	田中さん（たなか）、山田さん（やまだ）	Mr./Ms. Tanaka, Mr./Ms. Yamada (Japanese surname) / anh/chị Tanaka, anh/chị Yamada		5画
山 SƠN, SAN	サン	ふじ山（さん）	Mt.Fuji / núi Phú Sỹ		3画
	やま	山（やま） mountain / núi			
語 NGỮ	ゴ	日本語（にほんご） Japanese / tiếng Nhật			14画
		えい語（ご） English / tiếng Anh			
本 BẢN, BỔN	ホン	本（ほん） book / sách	日本（にほん） Japan / Nhật Bản		5画
		～本（ほん） counter for thin and long things / ~ cây (dùng để đếm vật ốm, dài)			

かくにんしましょう

先生：はじめまして、田中です。お名前は？

学生：スパポンです。よろしく　おねがいします。

先生：こちらこそ。お国は　どちらですか。　＊こちらこそ。Nice to meet you, too. / Tôi cũng vậy, xin
vui lòng giúp đỡ. (Tôi mới là người phải nhờ bạn)

学生：タイです。

れんしゅう　１・２・３・４から　いちばん　いい　ものを　えらんで　ください。

もんだい１　＿＿＿＿の　ことばは　ひらがなで　どう　かきますか。

① 大人が　一人と　子どもが　二人います。

　　１　ひとり　　　　２　ひたり　　　　３　ふとり　　　　４　ふたり

② あの　人は　ジムさんの　お父さんです。

　　１　おとさん　　　２　おどさん　　　３　おとおさん　　４　おとうさん

③ 日本の　生活は　どうですか。

　　１　せかつ　　　　２　せっかつ　　　３　せいかつ　　　４　せえかつ

もんだい２　＿＿＿＿の　ことばは　どう　かきますか。

④ あの　おとこのこは　だれですか。

　　１　女の子　　　　２　男の子　　　３　女の人　　　４　男の人

⑤ きょうは　ははの　たん生日です。

　　１　母　　　　２　毋　　　３　毎　　　４　海

⑥ あの　やまは　ふじさんです。

　　１　中　　　　２　人　　　３　山　　　４　国

（こたえは 19 ページ）

2日目　それは 何ですか。
なん

おぼえましょう　時間を　あらわす　かんじと　ことば　Kanji and vocabulary that express time
じかん
Hán tự và từ vựng diễn đạt thời gian

何 HÀ	なん	何時 what time / mấy giờ なんじ	何時間 how many hours / mấy tiếng なんじかん	7画
	なに	何 what / cái gì なに	何語 what language / tiếng gì, ngôn ngữ gì なにご	
時 THỜI	ジ	九時 nine o'clock / 9 giờ くじ	四時間 four hours / 4 tiếng よじかん	10画
		◇時計 watch, clock / đồng hồ とけい		
分 PHÂN, PHẬN	フン	五分 five minutes / 5 phút ごふん	三十分 thirty minutes / 30 phút さんじゅっぷん	4画
	ブン	半分 half / một nửa はんぶん		
間 GIAN	カン	時間 time / thời gian じかん	一週間 one week / 1 tuần いっしゅうかん	12画
	あいだ	ＡとＢの間 between A and B / giữa A và B あいだ		
		この間 the other day / gần đây, dạo này あいだ		
	ま	間に合う be in time / kịp giờ まあ		
半 BÁN	ハン	七時半 seven-thirty / 7 giờ rưỡi しちじはん		5画
		一時間半 one hour and a half / 1 tiếng rưỡi いちじかんはん		
午 NGỌ	ゴ	午後 afternoon / buổi chiều (tính từ 12 giờ trưa trở đi) ごご		4画
前 TIỀN	ゼン	午前 morning / buổi sáng (cho đến 12 giờ trưa) ごぜん		9画
	まえ	前 front / trước, phía trước まえ	名前 name / tên なまえ	
後 HẬU	ゴ	午後 afternoon / buổi chiều ごご		9画
	あと	後で later, after / sau あと		
	うし (-ろ)	後ろ back, behind / phía sau うし		
今 KIM	コン	今月 this month / tháng này こんげつ	今週 this week / tuần này こんしゅう	4画
	いま	今 now / bây giờ いま		
		◇今日 today / hôm nay きょう	◇今年 this year / năm nay ことし	
		◇今朝 this morning / sáng nay けさ		
週 CHU	シュウ	先週 last week / tuần trước せんしゅう		11画
		来週 next week / tuần tới, tuần sau らいしゅう		

年 ネン NIÊN		一年 one year / 1 năm いちねん		6画
		去年 last year / năm ngoái, năm trước きょねん	来年 next year / sang năm, năm tới らいねん	
	とし	今年 this year / năm nay ことし	半年 half a year / nửa năm はんとし	
毎 マイ MỖI		毎年 every year / hàng năm, mỗi năm まいねん/とし	毎日 every day / hàng ngày, mỗi ngày まいにち	6画
		毎月 every month / hàng tháng, mỗi tháng まいげつ/つき		

かくにんしましょう

- ノート（ノートブック）　　　　　notebook / quyển vở, máy tính xách tay
- パソコン（パーソナルコンピューター）　PC (personal computer) / máy vi tính (máy vi tính cá nhân)
- リモコン（リモートコントローラー）　remote control / điều khiển (đồ điều khiển từ xa)
- エアコン（エアコンディショナー）　air conditioner / máy điều hòa (máy điều hòa không khí)
- スマホ（スマートフォン）　　　　smart phone / điện thoại thông minh

れんしゅう　1・2・3・4から いちばん いい ものを えらんで ください。

もんだい1　＿＿＿＿ の ことばは ひらがなで どう かきますか。

① これは スイスの <u>時計</u>です。

　1　じけい　　　　2　とけい　　　　3　じかん　　　　4　とかい

② <u>今日</u>は いい てんきです。

　1　きょう　　　　2　きゅう　　　　3　こにち　　　　4　いまにち

③ ポケットは ズボンの <u>後ろ</u>に あります。　　　　⇨ポケット　p.46

　1　あしろ　　　　2　うしろ　　　　3　おしろ　　　　4　ごうろ

もんだい2　＿＿＿＿ の ことばは どう かきますか。

④ これは わたしの <u>ぱそこん</u>です。

　1　パンコン　　　2　パンコソ　　　3　パソコソ　　　4　パソコン

⑤ パンを <u>はんぶん</u> あげましょう。

　1　半分　　　　　2　半今　　　　　3　￥分　　　　　4　￥今

⑥ あれは <u>なん</u>ですか。

　1　向　　　　　　2　何　　　　　　3　伺　　　　　　4　同

（こたえは21ページ）

17ページのこたえ：　①1　②4　③3　④2　⑤1　⑥3

3日目　大きい ⟷ 小さい

おぼえましょう　ペアで　おぼえましょう

Learns these in pairs
Hãy nhớ (từ vựng) theo cặp

少 THIÊU	すこ (-し)	少し a little / một chút		4画
	すく (-ない)	少ない few, a little / ít		
多 ĐA	おお (-い)	多い many, a lot / nhiều		6画
小 TIÊU	ショウ	小学校 elementary school / trường tiểu học		3画
	ちい (-さい)	小さい small / nhỏ		
大 ĐẠI	ダイ	大学 college / đại học		3画
	タイ	大変な terrible / vất vả, gay go　大切な precious, important / quý giá, quan trọng		
	おお (-きい)	大きい big / lớn		
安 AN	アン	安全な safe / an toàn　安心する feel relieved / an tâm		6画
	やす (-い)	安い cheap / rẻ		
高 CAO	コウ	高校 high school / trường PTTH		10画
	たか (-い)	高い expensive, high / cao, đắt		
新 TÂN	シン	新聞 newspaper / báo		13画
	あたら (-しい)	新しい new / mới		
古 CỔ	ふる (-い)	古い old / cũ, cổ		5画
早 TẢO	はや (-い)	早い early / nhanh, sớm ⟷ おそい late / chậm, trễ		6画
長 TRƯỜNG	チョウ	社長 president / giám đốc		8画
	なが (-い)	長い long / dài ⟷ みじかい short / ngắn		
円 VIÊN	エン	円 ① round / vòng tròn ② yen / tiền yên		4画
校 HIỆU	コウ	学校 school / trường học		10画
		校長 school principal / hiệu trưởng		

社 XÃ	シャ	会社 company / công ty かいしゃ	7画
		社員 employee / nhân viên しゃいん	
中 TRUNG	チュウ	中学校 junior high school / trường PTCS ちゅうがっこう	4画
	ジュウ	一日中 all day / suốt 1 ngày いちにちじゅう	
	なか	中 inside / trong ⟷ 外 outside, out doors / ngoài なか　　　　　　　　　　そと	
聞 VĂN	ブン	新聞 newspaper / báo しんぶん	14画
	き(-く /-こえる)	聞く listen / nghe, hỏi　　　聞こえる hear / nghe được き　　　　　　　　　　　き	

れんしゅう 　1・2・3・4から いちばん いい ものを えらんで ください。

もんだい1 　＿＿＿ の ことばは ひらがなで どう かきますか。

① わたしは でんしゃで 新聞を よみます。

　1　しぶん　　　　2　しんぶん　　　　3　じぶん　　　　4　じんぶん

② その じしょは 古いです。

　1　ほろい　　　　2　わるい　　　　3　ひろい　　　　4　ふるい

③ この へんは みせが 少ないです。

　1　つこない　　　2　つくない　　　3　すこない　　　4　すくない

もんだい2 　＿＿＿ の ことばは どう かきますか。

④ いもうとは かみが ながいです。

　1　身い　　　　2　鳥い　　　　3　長い　　　　4　馬い

⑤ この くつは すこし ちいさいです。

　1　小さい　　　　2　少さい　　　　3　水さい　　　　4　川さい

⑥ きょうは しゅくだいが おおいです。

　1　爻い　　　　2　爻い　　　　3　多い　　　　4　多い

（こたえは 23 ページ）

19ページのこたえ： ①2　②1　③2　④4　⑤1　⑥2

4日目　どこですか。

おぼえましょう　方向を あらわす かんじと ことば　Kanji and vocabulary that express direction / Hán tự và từ vựng diễn đạt phương hướng

駅 DỊCH	エキ	駅 station / nhà ga		14画
口 KHẨU	くち	口 mouth, exit / miệng, cửa		3画
出 XUẤT	で (-る)	出る get out, leave / ra ngoài, rời khỏi, xuất hiện　　出かける go out / đi ra ngoài		
	だ (-す)	出す put out, send out / đưa ra		5画
入 NHẬP	はい (-る)	入る enter / vào		
	い (-る)	入り口 / 入口 entrance / cửa vào ↔ 出口 exit / cửa ra		2画
	い (-れる)	入れる put into / cho vào		
東 ĐÔNG	トウ	東京 Tokyo / Tokyo		
	ひがし	東 east / phía đông　　東口 east exit / cửa đông		8画
西 TÂY	セイ	西洋 the west / phương tây		
	にし	西 west / phía tây　　西口 west exit / cửa tây		6画
南 NAM	みなみ	南 south / phía nam		
		南口 south exit / cửa nam		9画
北 BẮC	ホク	北海道 Hokkaido / Hokkaido		
	きた	北 north / phía bắc　　北口 north exit / cửa bắc		5画
上 THƯỢNG	ジョウ	上手な good at, skillful / giỏi		
	うえ	上 up / trên		3画
	うわ	上着 jacket / áo khoác		
下 HẠ	カ	地下鉄 subway / tàu điện ngầm		
	した	下 under / dưới　◇下手な unskillful, not good at / dở ↔ 上手な good at, skillful / giỏi		3画
左 TẢ	ひだり	左 left / bên trái		5画

右 HỮU	みぎ	右 right / bên phải		5画
外 NGOẠI	ガイ	外国 foreign country / nước ngoài	外国人 foreigner / người nước ngoài	5画
	そと	外 outside, out doors / ngoài		

ボクは うちの 中に います。
あの 子は うちの 外に います。

ネコは 木の 上に います。
イヌは 木の 下に います。

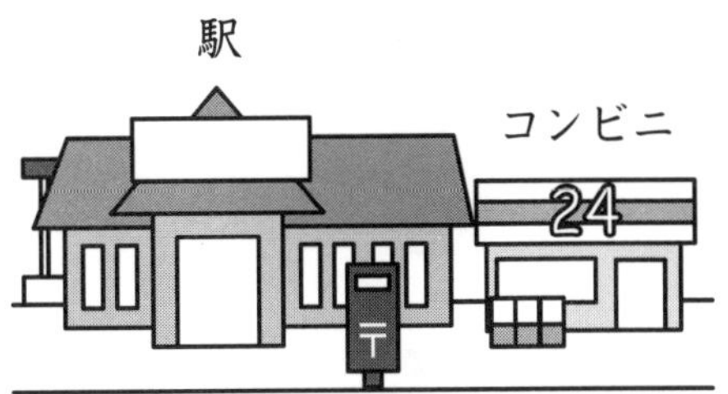

ポストは 駅の 前に あります。
コンビニは 駅の となりに あります。

＊コンビニ convenience store / cửa hàng tiện lợi (viết tắt)、となり next to / bên cạnh

れんしゅう 1・2・3・4から いちばん いい ものを えらんで ください。

もんだい1 ＿＿＿＿ の ことばは ひらがなで どう かきますか。

① その しんごうを <u>左</u>に まがって ください。

　1 みだり　　　2 ひだり　　　3 みぎ　　　4 むぎ

② 北の ほうは さむいですが、<u>南</u>の ほうは あたたかいです。

　1 きた　　　2 にし　　　3 ひがし　　　4 みなみ

③ 日本語が <u>上手</u>ですね。

　1 じょず　　　2 へた　　　3 じょうず　　　4 へだ

もんだい2 ＿＿＿＿ の ことばは どう かきますか。

④ ドアを あけて、中に <u>はいって</u> ください。

　1 人って　　　2 入って　　　3 乆って　　　4 乄って

⑤ まいあさ 8時に うちを <u>でます</u>。

　1 出ます　　　2 卋ます　　　3 屮ます　　　4 氏ます

⑥ 子どもたちは <u>そと</u>で あそんで います。

　1 朴　　　2 外　　　3 外　　　4 氺

（こたえは 25 ページ）

| 21ページのこたえ： ①2　②4　③4　④3　⑤1　⑥4 |

5日目　何を して いますか。
なに

おぼえましょう　動詞　Verbs
どうし　Động từ

漢字	読み	言葉		画数
休 HƯU	やす（-む）	休む take time off, rest / nghỉ ngơi　休み day off / ngày nghỉ, giờ nghỉ 昼休み lunch break / nghỉ trưa		6画
見 KIẾN	ケン み（-る/-える/-せる）	見学 field trip / tham quan học tập　見物 sightseeing / tham quan 見る see, look / nhìn, xem　見える be visible / nhìn thấy 見せる show / cho xem		7画
言 NGÔN	い（-う） こと	言う say / nói 言葉 word / từ vựng, từ		7画
行 HÀNH, HÀNG	コウ い（-く）	銀行 bank / ngân hàng　旅行 trip / du lịch 行く go / đi		6画
書 THƯ	ショ か（-く）	辞書 dictionary / tự điển 書く write / viết		10画
読 ĐỘC	よ（-む）	読む read / đọc		14画
買 MÃI	か（-う）	買う buy / mua 買いもの shopping / mua sắm		12画
来 LAI	ライ く（-る）	来月 next month / tháng sau, tháng tới　来週 next week / tuần sau, tuần tới 来る come / đến　＊来ない・来た		7画
立 LẬP	た（-つ）	立つ stand / đứng		5画
食 THỰC	ショク た（-べる）	食事 meal / bữa ăn　食堂 cafeteria / nhà ăn 食料品 food / lương thực, thực phẩm 食べる eat / ăn　食べもの food / thức ăn, đồ ăn		9画
飲 ẨM	の（-む）	飲む drink / uống 飲みもの drinks / thức uống, đồ uống		12画

会 HỘI	カイ	会社 company / công ty かいしゃ	会話 conversation / hội thoại かい わ	6画
	あ（-う）	会う meet / gặp あ		
電 ĐIỆN	デン	電車 train / tàu điện でんしゃ		13画
		電気 electricity, electric light / điện, bóng đèn でん き		
話 THOẠI	ワ	電話 telephone / điện thoại でん わ	会話 conversation / hội thoại かい わ	13画
	はな（-す）	話す talk / nói chuyện はな		
	はなし	話 talk, discussion / câu chuyện はなし		
車 XA	シャ	自動車 automobile, car / xe hơi じ どうしゃ	自転車 bicycle / xe đạp じ てんしゃ	7画
	くるま	車 car / xe ô-tô, xe cộ くるま		

れんしゅう 1・2・3・4から いちばん いい ものを えらんで ください。

もんだい1 ＿＿＿ の ことばは ひらがなで どう かきますか。

① 来週、ビールこうじょうの 見学に 行きます。

　　1 みがく　　　　2 けんぶつ　　　3 けいかく　　　4 けんがく

② 電気を つけましょう。

　　1 れんき　　　　2 てんき　　　　3 でんき　　　　4 げんき

③ どんな 車が ほしいですか。

　　1 しゃ　　　　　2 　こるま　　　　3 　かるま　　　　4 　くるま

もんだい2 ＿＿＿ の ことばは どう かきますか。

④ 聞こえませんから、大きい こえで いって ください。

　　1 言って　　　2 行って　　　3 立って　　　4 会って

⑤ ジュースを のみましょう。

　　1 見ましょう　　2 休みましょう　3 飲みましょう　4 読みましょう

⑥ 電話で 先生と はなしました。

　　1 言しました　　2 話しました　　3 会しました　　4 語しました

（こたえは 27 ページ）

23ページのこたえ：　①2　②4　③3　④2　⑤1　⑥3

6日目　手と 足
てあし

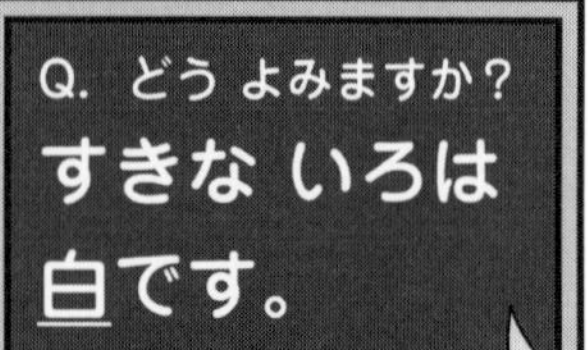

おぼえましょう　名詞（めいし）　Nouns / Danh từ

漢字	読み	語彙	画数
花 HOA	カ	花びん flower vase / bình hoa	7画
	はな	花 flower / hoa　　花見 cherry-blossom viewing / ngắm hoa　　花火 fireworks / pháo hoa	
天 THIÊN	テン	天気 weather / thời tiết	4画
気 KHÍ	キ	電気 electricity / điện, bóng đèn　　病気 illness, disease / bệnh, ốm　　元気 healthy / khỏe	6画
耳 NHĨ	みみ	耳 ear / tai	6画
手 THỦ	て	手 hand / tay　　お手洗い bathroom, toilet / rửa tay, nhà vệ sinh　　◇ 上手な good at / giỏi ↔ 下手な unskillful, not good at / dở	4画
足 TÚC	あし	足 leg, foot / chân	7画
	た (-りる/-す)	足りる be enough, be sufficient / đủ　　足す add / cộng, thêm vào	
目 MỤC	め	目 eye / mắt　　一つ目、二つ目、三つ目… first, second, third… / (cái) thứ nhất, thứ 2, thứ 3 ….	5画
力 LỰC	ちから	力 strength, power / sức mạnh　　力持ち powerful person / có sức mạnh	2画
川 XUYÊN	かわ	川 river / sông	3画
牛 NGƯU	ギュウ	牛肉 beef / thịt bò　　牛乳 milk / sữa tươi	4画
	うし	牛 cow / con bò	
魚 NGƯ	さかな	魚 fish / con cá　　魚屋 fish shop / tiệm bán cá	11画
店 ĐIỂM	テン	喫茶店 tea (and coffee) shop / quán nước	8画
	みせ	店 shop / cửa tiệm	

道 ĐẠO	みち	道 road, street / con đường, đường đi	12画
門 MÔN	モン	門 gate / cổng 専門 speciality / chuyên môn	8画
雨 VŨ	あめ	雨 rain / mưa	8画
空 KHÔNG	クウ そら	空気 air / không khí　　空港 airport / sân bay 空 sky / bầu trời	8画
白 BẠCH	しろ しろ (-い)	白 white(noun) / màu trắng 白い white(adjective) / trắng	5画

れんしゅう　1・2・3・4から いちばん いい ものを えらんで ください。

もんだい1　＿＿＿＿ の ことばは ひらがなで どう かきますか。

① あしたは いい 天気でしょう。

　　1　てんち　　　　2　てんき　　　　3　でんき　　　　4　でんち

② 川に 魚が たくさん います。

　　1　さかな　　　　2　さなか　　　　3　せかな　　　　4　せなか

③ みんなで 花見を します。

　　1　はなめ　　　　2　はなび　　　　3　はなに　　　　4　はなみ

もんだい2　＿＿＿＿ の ことばは どう かきますか。

④ 先生は テニスが じょうずです。

　　1　上手　　　　2　下手　　　　3　手上　　　　4　手下

⑤ 車を 買いたいですが、おかねが たりません。

　　1　耳りません　2　足りません　3　目りません　4　手りません

⑥ この みせで 買いましょう。

　　1　道　　　　　2　門　　　　　3　店　　　　　4　空

（こたえは 30 ページ）

第1週　7日目　まとめもんだい

Review Test / Bài tập tổng hợp

点数 / 100

時間：15分
1問5点×20問

（こたえは別冊 p. 2）

もんだい1　＿＿の ことばは ひらがなで どう かきますか。1・2・3・4から いちばん いい ものを ひとつ えらんで ください。

1 今年の なつは うみへ いきたいです。

　1　こねん　　　　2　ことし　　　　3　こんねん　　　　4　こんとし

2 大人は せんえんで、こどもは ごひゃくえんです。

　1　おとな　　　　2　だいにん　　　　3　おどな　　　　4　だいじん

3 ドアの 後ろに だれか いますよ。

　1　ごろ　　　　2　あとろ　　　　3　のちろ　　　　4　うしろ

4 あの かたは 校長せんせいです。

　1　こちょう　　　　2　こじょう　　　　3　こうちょう　　　　4　こうじょう

5 きょうは しゅくだいが 多いです。

　1　おい　　　　2　おうい　　　　3　おおい　　　　4　おいい

6 それは 古い しんぶんです。

　1　ふるい　　　　2　ほるい　　　　3　ふろい　　　　4　ほろい

7 あおい 空が きれいですね。

　1　すら　　　　2　そら　　　　3　くう　　　　4　こう

8 この しゃしんの 女の ひとは だれですか。

　1　おな　　　　2　おうな　　　　3　おおな　　　　4　おんな

9 わたしは テニスが 下手です。

　1　びた　　　　2　した　　　　3　へた　　　　4　へだ

10 えきと コンビニの 間に はなやが あります。

　1　ま　　　　2　かん　　　　3　まなか　　　　4　あいだ

11 この　へんは　みせが　<u>少ない</u>です。

　　1　すくない　　　　2　すこない　　　　3　そこない　　　　4　しょうない

12 うちから　がっこうまで　<u>1時間半</u>　かかります。

　　1　いじかんはん　　2　いちじかんはん　3　いじはんかん　　4　いちじはんかん

もんだい2　＿＿の　ことばは　どう　かきますか。1・2・3・4から　いちばん
　　　　　　いい　ものを　ひとつ　えらんで　ください。

13 あついですね。<u>えあこん</u>を　つけましょうか。

　　1　エアコソ　　　　2　エマコソ　　　　3　エマコン　　　　4　エアコン

14 デパートの　<u>いりぐち</u>で　あいましょう。

　　1　人口　　　　　　2　出口　　　　　　3　入口　　　　　　4　前口

15 あさ　九じに　<u>きて</u>　ください。

　　1　来て　　　　　　2　木て　　　　　　3　聞て　　　　　　4　書て

16 いい　<u>てんき</u>ですね。

　　1　電気　　　　　　2　元気　　　　　　3　天気　　　　　　4　空気

17 ともだちと　<u>はなび</u>を　しました。

　　1　花見　　　　　　2　花火　　　　　　3　花目　　　　　　4　花日

18 この　<u>みち</u>を　まっすぐ　いって　ください。

　　1　道　　　　　　　2　川　　　　　　　3　立　　　　　　　4　門

19 <u>いちにちじゅう</u>　ほんを　よみました。

　　1　一日中　　　　　2　一日十　　　　　3　一日週　　　　　4　一日間

20 あの　ひとは　<u>あし</u>が　ながいですね。

　　1　目　　　　　　　2　手　　　　　　　3　足　　　　　　　4　耳

かんじと　ことばを　おぼえましょう Let's learn kanji and vocabulary / Hãy nhớ Hán tự và từ vựng

すうじ　numeral / chữ số

1	2	3	4	5	6	7	8	9	10
一 イチ	二 ニ	三 サン	四 シ/よん	五 ゴ	六 ロク	七 シチ/なな	八 ハチ	九 キュウ/ク	十 ジュウ
一つ ひと	二つ ふた	三つ みっ	四つ よっ	五つ いつ	六つ むっ	七つ なな	八つ やっ	九つ ここの	十 とお

100
百
ひゃく　二百
にひゃく　三百
さんびゃく　四百
よんひゃく　五百
ごひゃく　六百
ろっぴゃく　七百
ななひゃく　八百
はっぴゃく　九百
きゅうひゃく

1000
千
せん　二千
にせん　三千
さんぜん　四千
よんせん　五千
ごせん　六千
ろくせん　七千
ななせん　八千
はっせん　九千
きゅうせん

10000
一万
いちまん　二万
にまん　三万
さんまん　四万
よんまん　五万
ごまん　六万
ろくまん　七万
ななまん　八万
はちまん　九万
きゅうまん　十万
じゅうまん　…百万
ひゃくまん　…一千万
いっせんまん

月
がつ　month / tháng　　　日
ひ　date / ngày　　　よう日
び　day of the week / thứ

一月・二月・三月・四月・五月・六月・七月・八月・九月・十月・十一月・十二月
いちがつ　にがつ　さんがつ　しがつ　ごがつ　ろくがつ　しちがつ　はちがつ　くがつ　じゅうがつ　じゅういちがつ　じゅうにがつ

月よう日 げつ　び	火よう日 か　び	水よう日 すい　び	木よう日 もく　び	金よう日 きん　び	土よう日 ど　び	日よう日 にち　び
		1日 ついたち	2日 ふつか	3日 みっか	4日 よっか	5日 いつか
6日 むいか	7日 なのか	8日 ようか	9日 ここのか	10日 とおか	11日 じゅういちにち	12日 じゅうににち
13日 じゅうさんにち	14日 じゅうよっか	15日 じゅうごにち	16日 じゅうろくにち	17日 じゅうしちにち	18日 じゅうはちにち	19日 じゅうくにち
20日 はつか	21日 にじゅういちにち	22日 にじゅうににち	23日 にじゅうさんにち	24日 にじゅうよっか	25日 にじゅうごにち	26日 にじゅうろくにち
27日 にじゅうしちにち	28日 にじゅうはちにち	29日 にじゅうくにち	30日 さんじゅうにち	31日 さんじゅういちにち		

よう日の　かんじの　ことば　Kanji and vocabulary about days of the week / từ vựng Hán tự của thứ

月 つき	火 ひ	水 みず	木 き	金 キン/かね	土 つち	日 ひ
the moon mặt trăng	fire lửa	water nước	tree cây	gold/money tiền, vàng	soil đất	sunlight mặt trời

27ページのこたえ：　①2　②1　③4　④1　⑤2　⑥3

かんじと ことばの れんしゅうを しましょう②

Let's practice kanji and vocabulary ② / Hãy luyện tập Hán tự và từ vựng ②

1日目　つめたい 飲みもの

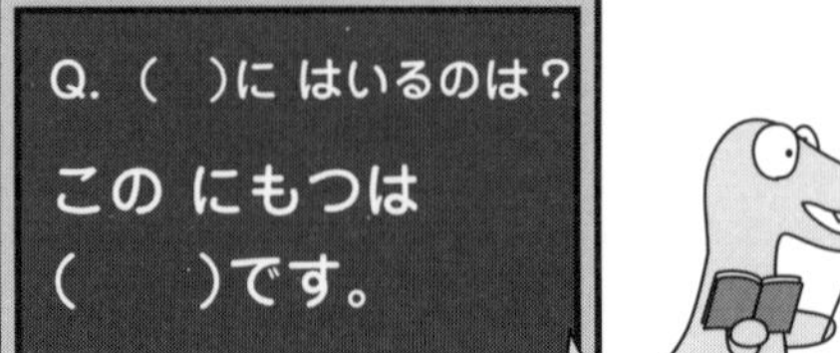

おぼえましょう　形容詞（けいようし）　Adjective　Tính từ (Hình dung từ)

あまい	sweet ngọt	さとうは あまいです。 Sugar is sweet. / Đường thì ngọt.	↔ からい	spicy, salty cay, mặn
にがい	bitter đắng	にがい くすり bitter medicine / thuốc đắng		
おもい	heavy nặng	おもい かばん heavy bag / túi xách nặng	↔ かるい	light nhẹ
あつい	hot nóng	あつい おちゃ hot tea / trà nóng	↔ つめたい	cold (mát) lạnh
		あつい 日 hot day / ngày nóng	↔ さむい	cold lạnh
あたたかい	warm ấm	今日は あたたかいです。 It is warm today. / (Trời) Hôm nay ấm áp.	↔ すずしい	cool mát mẻ
おもしろい	interesting thú vị, hay	おもしろい 本 interesting book / quyển sách hay	↔ つまらない	boring chán
せまい	narrow, small chật, hẹp	せまい 道 narrow street / đường chật	↔ ひろい	wide, large rộng
		せまい へや small room / phòng chật		
とおい	far xa	とおい 国 a far country / đất nước xa xôi	↔ ちかい	close gần
やさしい	easy hiền, dễ	やさしい しけん easy exam / bài thi dễ	↔ むずかしい	difficult khó
いそがしい	busy bận rộn	いそがしい 日 busy day / ngày bận rộn	↔ ひまな	free, leisurely rảnh rỗi
きらいな	hate, dislike ghét	きらいな 食べもの food one dislikes / món ăn ghét	↔ すきな	favorite thích

かくにんしましょう

- （つめたい　さむい）飲みもの
- いそがしい（日　人　道）
  　　　　　　　　ひ　ひと　みち

れんしゅう　1・2・3・4から　いちばん　いい　ものを　ひとつ　えらんで　ください。

もんだい1　（　　）に　なにを　いれますか。

① がっこうは　うちから　（　　　　）ですから、たいへんです。

　　1　とおい　　　　2　おもい　　　　3　ちかい　　　　4　むずかしい

② これは　（　　　　）ですが、いい　くすりです。

　　1　すき　　　　　2　ひま　　　　　3　にがい　　　　4　さむい

③ （　　　　）　おいしい　くだものですね。

　　1　あつくて　　　2　あまくて　　　3　おもくて　　　4　あたたかくて

もんだい2　＿＿＿の　ぶんと　だいたい　おなじ　いみの　ぶんは　どれですか。

④ わたしは　からい　たべものが　すきじゃありません。

　　1　わたしは　にがい　たべものが　きらいです。

　　2　わたしは　すきな　たべものが　ありません。

　　3　わたしは　からい　たべものが　きらいです。

　　4　わたしは　きらいな　たべものが　ありません。

⑤ この　みちは　あまり　ひろくないです。

　　1　この　みちは　すこし　せまいです。

　　2　この　みちは　とても　せまいです。

　　3　この　みちは　すこし　わるいです。

　　4　この　みちは　とても　わるいです。

（こたえは 35 ページ）

2日目　はたらいて います

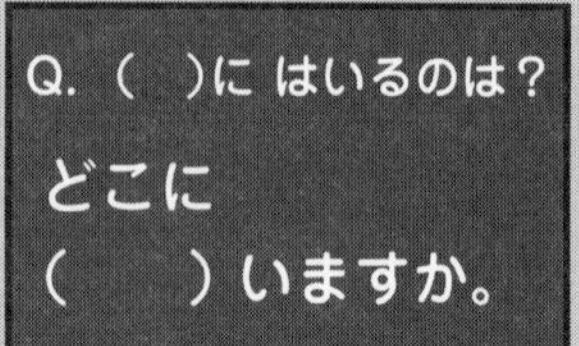

おぼえましょう　動詞①（どうし）　Verb ① / Động từ ①

すむ	live / sống	日本に すんで いる　live in Japan / đang sống ở Nhật
つとめる	work for / làm việc	会社に つとめて いる　work for a company / làm việc cho công ty
はたらく	work at/in / làm việc	こうじょうで はたらいて いる　work in a factory / làm việc tại nhà máy
つくる	make / làm, tạo ra	車を つくる　make cars / tạo ra xe hơi りょうりを つくる　cook / nấu ăn
うる	sell / bán	（食べものや 飲みものを） うる sell foods and drinks / bán (đồ ăn và thức uống)
しる	know / biết	この 人を しって います。　I know this person. / Tôi biết người này. あの 人を しりません。 I don't know that person. / Tôi không biết người kia.
けっこんする	marry / kết hôn	けっこんして いる　be married / kết hôn (chỉ tình trạng), có gia đình
タバコを すう	smoke / hút thuốc	タバコを すいません。　I do not smoke. / Tôi không hút thuốc.
おきる	get up / dậy	あさ 早く おきる　get up early morning / buổi sáng tôi thức dậy sớm
↔ ねる	go to bed, sleep / ngủ	11時に ねます。　I go to bed at 11 o'clock. / Tôi ngủ lúc 11 giờ.
かえる	return, go home / về	おそく かえる　go home late / về trễ
おく	put / đặt, để	かぎを つくえの 上に おく put the key on the desk / để chìa khóa trên bàn
あそぶ	play / chơi	子どもたちが あそんで います。 Children are playing. / Bọn trẻ đang chơi đùa.
シャワーを あびる	take a shower / tắm vòi sen	まいあさ シャワーを あびます。 Every morning, I take a shower. / Tôi tắm vòi sen mỗi sáng.
つかう	use / sử dụng, dùng	辞書を つかう use a dictionary / sử dụng tự điển

かくにんしましょう にている ことばに ちゅういしましょう！
Be careful of words that seem similar. / Hãy lưu ý từ vựng gần giống nhau!

- つくる……パンを つくる
  　　　　　ジュースを つくる
- つかう……スプーンを つかう
  　　　　　ペンを つかう

第二週

れんしゅう 1・2・3・4から いちばん いい ものを ひとつ えらんで ください。

もんだい1 （　）に なにを いれますか。

① にもつは ここに （　　　） ください。

　1 おきて　　　2 おいて　　　3 ねて　　　4 すって

② わたしは がっこうで （　　　） います。

　1 はたらいて　2 つとめて　　3 すんで　　4 かえって

③ 子どもが （　　　） いますから、しずかに して ください。

　1 あそんで　　2 おきて　　　3 ねて　　　4 あびて

もんだい2 ＿＿の ぶんと だいたい おなじ いみの ぶんは どれですか。

④ わたしは 車の かいしゃに つとめて います。

　1 わたしは 車で かいしゃに いきます。

　2 わたしは 車で かいしゃから かえります。

　3 わたしは 車の かいしゃで はたらいて います。

　4 わたしは 車の かいしゃを しって います。

⑤ しんぶんや タバコは えきで うって います。

　1 しんぶんや タバコは えきで つくって います。

　2 しんぶんや タバコは えきで すって います。

　3 しんぶんや タバコは えきで かうことが できます。

　4 しんぶんや タバコは えきで かうことが できません。

（こたえは 37 ページ）

33ページのこたえ：　①1　②3　③2　④3　⑤1

3日目　どの ぐらい？

おぼえましょう　動詞②　Verb ②／Động từ ②

かかる	take time mất, tốn (thời gian)	10時間 かかる　take ten hours / mất 10 tiếng じゅう じ かん
	cost mất, tốn (tiền)	5万円 かかる　cost fifty thousand yen / tốn 50 ngàn yên ご まんえん
あける	open mở	ドアを あける　open the door / mở cửa
↔ しめる	shut, close đóng	まどを しめる　shut the window / đóng cửa sổ
つける	turn on bật, mở	電気を つける　turn on the light / bật đèn でん き
↔ けす	turn off tắt	ガスを けす　turn off the gas / tắt ga
	erase xóa	字を けす　erase the words / xóa chữ じ
	extinguish tắt, dập	火を けす　extinguish the fire / tắt lửa ひ
かける	put on đeo	メガネを かける　put on glasses / đeo kính
	lock khóa (cửa)	かぎを かける　lock the door / khóa lại
	telephone gọi	電話を かける　make a phone call / gọi điện thoại でん わ
あく	open mở	ドアが あく　the door opens / cửa mở
↔ しまる	close đóng	ドアが しまる　the door closes / cửa đóng
いそぐ	hurry, rush gấp, vội	いそいで ください。　Please hurry. / Hãy mau lên.
のどが かわく	get thirsty khát nước	のどが かわきました。　I'm thirsty. / Tôi khát nước.
おなかが すく	get hungry đói bụng	おなかが すきました。　I'm hungry. / Tôi đói bụng.

ことばや ひょうげんを ふやしましょう
Let's learn more vocabulary and expressions
Hãy làm tăng vốn từ và cách diễn đạt

かわく→シャツが かわきました。　The shirt I washed is dry. / Chiếc áo sơ-mi đã khô.

すく　→電車や 店が すいて います。　The trains and stores are empty./ Tàu điện và cửa hàng vắng vẻ.
　　　　でんしゃ　みせ

しまる→（電車の アナウンス）ドアが しまります。ごちゅうい ください。
　　　　　でんしゃ
(train announcement) The doors will be closing. Please watch out. / (Loa thông báo của tàu điện) Cửa sẽ đóng. Vui lòng chú ý

かくにんしましょう

- 電気を（つける　あける）
  でんき
- 電気を（けす　しめる）
  でんき
- まどが（あいて います　あけて います）
- まどが（しまって います　しめて います）

れんしゅう　1・2・3・4から いちばん いい ものを ひとつ えらんで ください。

もんだい1 （　）に なにを いれますか。

① まちがえた ところは、けしゴムで （　　　） ください。

　1　きして　　　　2　かして　　　　3　けして　　　　4　きえて

② のどが （　　　） ね。なにか のみましょう。

　1　すきました　2　かきました　3　あきました　4　かわきました

③ あついですね。エアコンを （　　　）。

　1　つきましょう　2　つけましょう　3　かかりましょう　4　あけましょう

もんだい2 ＿＿の ぶんと だいたい おなじ いみの ぶんは どれですか。

④ うんてんしゅさん、いそいで ください。

　1　うんてんしゅさん、はやく 行って ください。

　2　うんてんしゅさん、ゆっくり 行って ください。

　3　うんてんしゅさん、いそがしくて たいへんですね。

　4　うんてんしゅさん、わたしは いそがしいです。

⑤ あの ぎんこうは 3じまで あいて います。

　1　あの ぎんこうは 3じまで やすみます。

　2　あの ぎんこうは 3じに しまります。

　3　あの ぎんこうは 3じに あきます。

　4　あの ぎんこうは 3じから はじまります。

（こたえは 39 ページ）

35ページのこたえ：　①2　②1　③3　④3　⑤3

4日目　ちょっと

おぼえましょう　副詞（ふくし）　Adverb　Phó từ

いつも	always luôn luôn, lúc nào cũng	あの 人（ひと）は いつも げんきです。	That person is always in high spirits. / Người đó lúc nào cũng khỏe mạnh (vui vẻ).
たいてい	usually thường xuyên	たいてい この 店（みせ）で 買（か）います。	I usually buy things at this store. / Tôi thường xuyên mua ở tiệm này.
ときどき	sometimes thỉnh thoảng	ときどき あの 店（みせ）で 買（か）います。	Sometimes I buy things at that store. / Thỉnh thoảng tôi mua ở tiệm kia.
あまり	not very không ~ lắm	あまり よくない　not very good / không tốt lắm	
ぜんぜん	not at all hoàn toàn	ぜんぜん よくない　not good at all / hoàn toàn không tốt	
よく	well tốt, giỏi, rõ	よく しって いる　know well / biết rõ	
	often thường hay, thường	よく 行（い）く　often go / thường đi	
とても	very rất	とても すてき　very nice / rất đẹp, rất tuyệt vời	
だいたい	mostly đại khái	だいたい おわった　mostly done / đại khái xong rồi	
もっと	more hơn nữa	もっと べんきょうしましょう。	Let's study some more. / Hãy học nhiều hơn nữa.
もう	already đã rồi	もう しました　already done / đã làm rồi　↔ まだです　Not yet. / Vẫn chưa.	
もう～	… more thêm nữa	もう一つ（ひと）one more / thêm 1 cái nữa　　もういちど once more / thêm 1 lần nữa もう少し（すこ）a little more / thêm 1 chút nữa	
ゆっくり	slowly chậm, từ từ	ゆっくり 話（はな）す　speak slowly / nói chuyện từ từ	
たくさん	a lot nhiều	たくさん ある　have a lot / có nhiều　　↔ すこし（少し）a little / một chút	

ことばや ひょうげんを ふやしましょう　「ちょっと」の つかいかた

How to use "ちょっと" / Cách sử dụng "ちょっと (một chút)"

- ちょっと まって。 Please wait a moment. / chờ một chút

- あのう ちょっと すみません。〈よびかけ〉

  Umm, excuse me. <when addressing someone> / Xin lỗi, phiền anh/chị một chút (gọi ai đó)

- 「あしたは どうですか。」「あしたは ちょっと…。」〈ことわる〉

  "How about tomorrow?" "Tomorrow is a little..." <refuse> / "Ngày mai thì sao?" "Ngày mai hơi kẹt một chút" (từ chối)

かくにんしましょう

- （もっと　~~もう~~）たべたい。
- （もう少し　~~もっと少し~~）ください。

れんしゅう　1・2・3・4から　いちばん　いい　ものを　ひとつ　えらんで　ください。

もんだい1　（　　）に　なにを　いれますか。

① あの　えいがは　（　　　　）　見ました。

　　1　まだ　　　　　2　もう　　　　　3　これから　　　4　とても

② たくさん　つくりましたから、（　　　）食べて　ください。

　　1　もう　　　　　2　よく　　　　　3　もっと　　　　4　いつも

③ ドイツ語は　（　　　）　わかりません。

　　1　ゆっくり　　2　たくさん　　3　たいてい　　4　ぜんぜん

もんだい2　＿＿の　ぶんと　だいたい　おなじ　いみの　ぶんは　どれですか。

④ たいてい　しゅくだいを　してから　ねますが、ときどき　あさ　します。

　　1　まいばん　しゅくだいを　してから　ねます。

　　2　いつも　おきてから　しゅくだいを　します。

　　3　ときどき　しゅくだいを　ぜんぜん　しません。

　　4　あさか　ばんに　しゅくだいを　します。

⑤ ひるごはんは　まだです。

　　1　ひるごはんは　これから　食べます。

　　2　ひるごはんは　もう　食べました。

　　3　ひるごはんは　いま　食べて　います。

　　4　ひるごはんは　だいたい　食べました。

（こたえは 41 ページ）

37 ページのこたえ：　①3　②4　③2　④1　⑤2

5日目　かぞく

おぼえましょう　かぞくの　よびかた　How to address family members / Cách gọi người trong gia đình

わたしの my / của tôi		あなたの／あの　ひとの your/his, her / của bạn / của người kia (người khác)
そふ	grandfather ông	おじいさん
そぼ	grandmother bà	おばあさん
りょうしん	parents cha mẹ	ごりょうしん
ちち(父)	father cha	おとうさん（お父さん）
はは(母)	mother mẹ	おかあさん（お母さん）
きょうだい	brother and sister anh chị em	ごきょうだい
あに	elder brother anh	おにいさん
あね	elder sister chị	おねえさん
おとうと	younger brother em trai	おとうとさん
いもうと	younger sister em gái	いもうとさん
おじ	uncle cậu / chú	おじさん
おば	aunt dì / cô	おばさん
むすこ	son con trai	むすこさん
むすめ	daughter con gái	むすめさん
まご	grandchild cháu (gọi ông bà)	おまごさん
つま/かない	wife vợ, bà xã	おくさん
おっと/しゅじん	husband chồng, ông xã	ごしゅじん

もっと おぼえましょう　Let's learn more / Hãy nhớ thêm nào

おい nephew / cháu trai (gọi cô chú, cậu dì)　　めい niece / cháu gái (gọi cô chú, cậu dì)　　いとこ cousin / anh em họ

かくにんしましょう

- 父の　男の　きょうだいは（おじ　~~おば~~）
- 母の　お母さんは（おばあさん　~~おじいさん~~）

〈ていねいな　話しかた〉

- ごりょうしんは　<u>いらっしゃいますか</u>（＝いますか）。
- ごしゅじんは　<u>おいくつですか</u>（＝なんさいですか）。

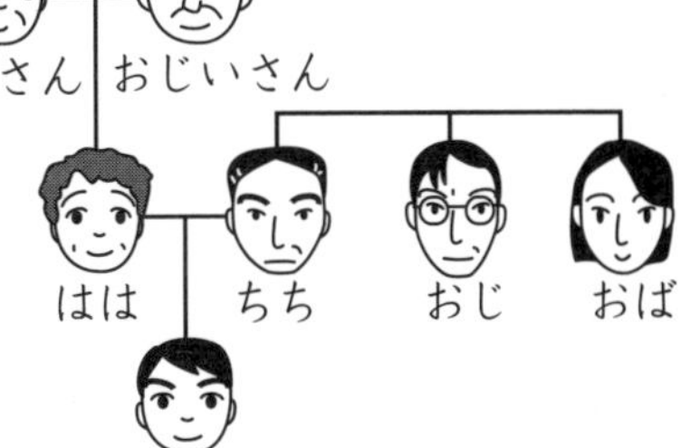

れんしゅう　1・2・3・4から　いちばん　いい　ものを　ひとつ　えらんで　ください。

もんだい1　（　　）に　なにを　いれますか。

① せんせいの　（　　）は　しごとを　して　いますか。

　　1　つま　　　　　2　おくさん　　　3　おっと　　　4　しゅじん

② あしたの　やすみは　（　　　）みんなで　あそびに　いきます。

　　1　かぞく　　　　2　りょうしん　　3　かない　　　4　しゅじん

③ むすめや　むすこの　子どもは　（　　　）です。

　　1　おい　　　　　2　まご　　　　　3　めい　　　　4　いとこ

もんだい2　___の　ぶんと　だいたい　おなじ　いみの　ぶんは　どれですか。

④ <u>わたしの　かぞくは　そぼと　りょうしんと　わたしです。</u>

　　1　わたしは　きょうだいが　いませんが、そぼが　います。

　　2　わたしの　かぞくは　3にんです。

　　3　わたしは　ちちと　ははと　おじいさんが　います。

　　4　わたしの　かぞくは　5にんです。

⑤ <u>わたしは　おとこの　きょうだいが　いません。</u>

　　1　わたしは　あねと　いもうとが　いません。

　　2　わたしは　あにと　おとうとが　います。

　　3　わたしは　あにも　おとうとも　いません。

　　4　わたしは　むすこと　むすめが　います。

（こたえは 43 ページ）

39 ページのこたえ：　①2　②3　③4　④4　⑤1

6日目　すきな もの・ほしい もの

Q.（　）に はいるのは？
すきな きせつは
（　　）です。

おぼえましょう　いろいろな　ことば　Various vocabulary words / Nhiều từ vựng khác nhau

きせつ season / mùa	はる spring / mùa xuân	なつ summer / mùa hạ	あき autumn / mùa thu	ふゆ winter / mùa đông
いろ color / màu	あか red / màu đỏ	しろ(白) white / màu trắng	あお blue / màu xanh da trời	
	きいろ yellow / màu vàng	くろ black / màu đen	みどり green / màu xanh lá cây	
	ちゃいろ brown / màu nâu	ピンク pink / màu hồng		
ところ place / nơi chốn	こうえん park / công viên	どうぶつえん zoo / sở thú, thảo cầm viên		
	うみ sea / biển	ゆうえんち amusement park / công viên giải trí		
スポーツ sport / thể thao	やきゅう baseball / bóng chày	バスケットボール basketball / bóng rổ		
	テニス tennis / quần vợt	すいえい swimming / bơi lội	サッカー soccer / bóng đá	
おんがく music / âm nhạc	クラシック classic / nhạc cổ điển	ジャズ jazz / nhạc jazz		
	ロック rock / nhạc rốc	ポップス pop / nhạc pop		
くだもの fruit / trái cây	りんご apple / táo	みかん tangerine / quýt		
	いちご strawberry / dâu	ぶどう grape / nho		
のりもの vehicle / phương tiện giao thông	くるま(車) car / xe ô-tô, xe cộ	でんしゃ(電車) train / tàu điện	じてんしゃ bicycle / xe đạp	
	オートバイ motorcycle / xe mô-tô	ひこうき airplane / máy bay	ふね ship / tàu thủy	
てんき weather / thời tiết	はれ clear weather / nắng ráo	くもり cloudy / âm u		
	あめ(雨) rain / mưa	ゆき snow / tuyết	たいふう typhoon / bão	
しょっき tableware / chén bát, đồ đựng thức ăn	ちゃわん rice bowl / chén, bát, tách trà	(お)さら dish / dĩa		
	はし chopsticks / đũa	カップ cup / cốc	コップ glass / ly	

テレビ television / ti vi
エアコン air conditioner / máy điều hòa
れいぞうこ refrigerator / tủ lạnh
でんしレンジ microwave oven / lò vi sóng

れんしゅう　1・2・3・4から いちばん いい ものを ひとつ えらんで ください。

もんだい1　（　　）に なにを いれますか。

① ミルクを （　　　） で あたためましょう。

　1　れいぞうこ　2　カップ　　　3　でんしレンジ 4　ロック

② さむいですね。あ、（　　　） が ふって いますよ。

　1　はれ　　　　　2　ゆき　　　　　3　くもり　　　　4　たいふう

③（　　　）で ぞうや ライオンを みました。

　1　ゆうえんち　2　こうえん　　3　うみ　　　　　4　どうぶつえん

もんだい2　＿＿の ぶんと だいたい おなじ いみの ぶんは どれですか。

④ この へやには かぐが ありません。

　1　この へやには テレビや ラジオや エアコンなどが ありません。

　2　この へやには ちゃわんや おさらや コップなどが ありません。

　3　この へやには でんきや まどや カーテンなどが ありません。

　4　この へやには つくえや いすや ベッドなどが ありません。

⑤ わたしは みかんや いちごなどが すきです。

　1　わたしは 子どもが すきです。

　2　わたしは くだものが すきです。

　3　わたしは やさいが すきです。

　4　わたしは きいろや あかが すきです。

（こたえは 46 ページ）

7日目　まとめもんだい

Review Test /
Bài tập tổng hợp

時間：15分

点数
／100

（こたえは別冊 p. 2）

もんだい1　（　）に　なにを　いれますか。1・2・3・4から　いちばん　いい
ものを　ひとつ　えらんで　ください。

5点×10問

1　この　はこは　ほんが　たくさん　はいって　いますから、（　　）です。

1　かるい　　　　　2　おもい　　　　　3　からい　　　　　4　おもしろい

2　ともだちは　あした　くにへ　（　　）。

1　つとめます　　　2　あそびます　　　3　かえります　　　4　けっこんします

3　ドアを　しめて、かぎを　（　　）　ください。

1　かけて　　　　　2　かかって　　　　3　かいて　　　　　4　つけて

4　（　　）あさ　シャワーを　あびます。

1　たくさん　　　　2　いつも　　　　　3　とても　　　　　4　あまり

5　（　　）、いってきます。

1　はは　　　　　　2　おば　　　　　　3　おかあさん　　　4　おこさん

6　（　　）は　ひとりで　できる　スポーツです。

1　すいえい　　　　2　サッカー　　　　3　やきゅう　　　　4　テニス

7　あついから、（　　）　のみものが　のみたいです。

1　さむい　　　　　2　ひろい　　　　　3　せまい　　　　　4　つめたい

8　どうぞ、この　タオルを　（　　）　ください。

1　つけて　　　　　2　つくって　　　　3　つかって　　　　4　ついて

9　おなかが　（　　）から、なにか　たべましょう。

1　すいた　　　　　2　さいた　　　　　3　あいた　　　　　4　かわいた

10　あのう、（　　）すみません。えきは　どこですか。

1　すこし　　　　　2　もう　　　　　　3　ちょっと　　　　4　もっと

もんだい2　＿＿の　ぶんと　だいたい　おなじ　いみの　ぶんが　あります。1・2・3・4から　いちばん　いい　ものを　ひとつ　えらんで　ください。

10点×5問

11　しごとは　だいたい　おわりました。

1　しごとは　ぜんぶ　おわりました。

2　しごとは　もうすこし　あります。

3　しごとは　ぜんぜん　おわりません。

4　しごとは　まだ　たくさん　あります。

12　いそいで　ください。

1　ゆっくり　おねがいします。

2　もういちど　おねがいします。

3　ちょっと　おねがいします。

4　はやく　おねがいします。

13　あきが　すきです。

1　あきは　すきな　きせつです。

2　あきは　すきな　いろです。

3　あきは　すきな　くだものです。

4　あきは　すきな　かぐです。

14　かぎを　つくえの　うえに　おいて、へやを　でました。

1　かぎは　へやの　そとに　あります。

2　かぎは　つくえの　うえに　あります。

3　かぎは　もう　つくえの　うえに　ありません。

4　かぎは　へやの　なかに　ありません。

15　むすこは　こどもが　います。

1　わたしは　きょうだいが　います。

2　わたしは　おんなのこが　います。

3　わたしは　まごが　います。

4　わたしは　むすめが　いません。

ことばを　おぼえましょう
Let's learn vocabulary
Hãy nhớ từ vựng

からだの　ぶぶん
Parts of the Body / Các bộ phận trên cơ thể

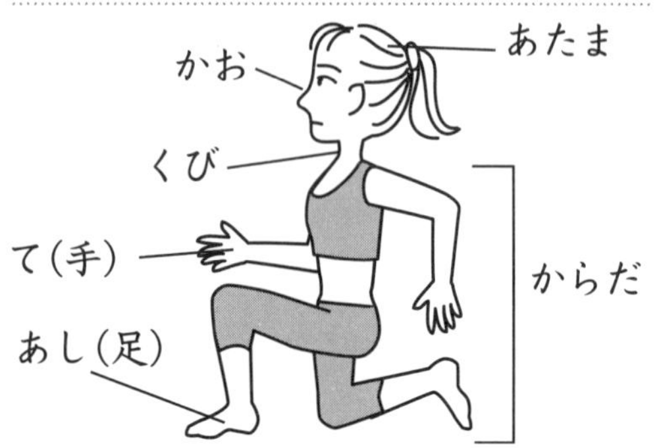

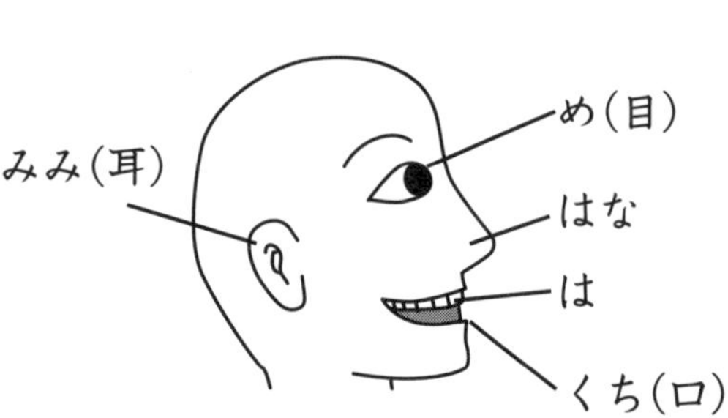

ふくなど
Clothing / quần áo v.v.

かぞえかた　How to Count / cách đếm

1	ひとつ	ひとり	いちまい	いちだい	いっぽん	いっさつ
2	ふたつ	ふたり	にまい	にだい	にほん	にさつ
3	みっつ	さんにん	さんまい	さんだい	さんぼん	さんさつ
4	よっつ	よにん	よんまい	よんだい	よんほん	よんさつ
5	いつつ	ごにん	ごまい	ごだい	ごほん	ごさつ
6	むっつ	ろくにん	ろくまい	ろくだい	ろっぽん	ろくさつ
7	ななつ	しち / ななにん	しち / ななまい	ななだい	ななほん	ななさつ
8	やっつ	はちにん	はちまい	はちだい	はっぽん	はっさつ
9	ここのつ	きゅうにん	きゅうまい	きゅうだい	きゅうほん	きゅうさつ
10	とお	じゅうにん	じゅうまい	じゅうだい	じゅっぽん	じゅっさつ
?	いくつ	なんにん	なんまい	なんだい	なんぼん	なんさつ

43ページのこたえ：　①3　②2　③4　④4　⑤2

ぶんぽうと 読<ruby>読<rt>よ</rt></ruby>む

れんしゅうを しましょう①

Let's practice grammar and reading ① / Hãy luyện tập ngữ pháp và tập đọc ①

1日目　えいがは　おもしろくなかったです。

おぼえましょう

えいがは　おもしろかったです。
The movie was interesting.
Bộ phim (đã) rất thú vị.

い形容詞（けいようし）　*i*-adjectives / Tính từ loại "I"

※ Be careful of negative forms and past forms. / Lưu ý thể phủ định, thể quá khứ. （否定形、過去形に注意。）

おもしろいです	おもしろく　ありません／**おもしろくないです**
おもしろかったです	おもしろく　ありませんでした／**おもしろくなかったです**
❶ おもしろいでした	❶ おもしろくなかったでした

大きい（おお）　小さい（ちい）　あつい　さむい　早い（はや）　おそい　きたない　長い（なが）　みじかい　など

コンサートは　よかったです。
The concert was good.
Buổi hòa nhạc (đã) hay.

いい　※ Be careful of conjugated forms. / Lưu ý các thể, thì của từ. （活用形に注意。）

いいです	よく　ありません／よくないです
よかったです	よく　ありませんでした／よくなかったです
❶ いいでした	❶ よくないでした　　❶ よくなかったでした

わたしの　へやは　きれいでは　ありません。
My room isn't clean.
Phòng của tôi không đẹp / sạch.

な形容詞（けいようし）　*na*-adjectives / Tính từ loại "Na"

※ Be careful of negative forms and past forms. / Lưu ý thể phủ định, thể quá khứ. （否定形、過去形に注意。）

きれいです	きれいでは　ありません／きれいじゃないです ※「では」は「じゃ」でもOK。　❶ きれく　ありません
きれいでした	きれいでは　ありませんでした／きれいじゃなかったです ❶ きれくなかったです　　❶ きれいじゃなかったでした

げんきな　すきな　べんりな　じょうずな　へたな　しずかな　など

※ Be careful of the conjugated forms of あります, します and 来ます. / Lưu ý chia động từ " あります (có)", " します (làm)", " 来ます (đến)" (「あります」「します」「来ます」の活用形に注意。)

あります／**ある**	ありません／**ない**	ありました／**あった**	ありませんでした／**なかった**
します／**する**	しません／**しない**	しました／**した**	しませんでした／**しなかった**
来ます／**来る**	来ません／**来ない**※	来ました／**来た**	来ませんでした／**来なかった**※

❗ なかったでした　　❗ 来ないでした　　❗ 来なかったでした

※ Be careful of the reading for 来. / Lưu ý cách đọc của " 来 (đến)". (「来」の読み方に注意。)

れんしゅう

もんだい1　（　　）に 何を 入れますか。1・2・3・4から いちばん いい ものを 一つ えらんで ください。

① わたしの いえは （　　） ありません。

　　1　大きい　　　　　2　大きな　　　　　3　大きく　　　　　4　大きいでは

② A「テスト、どうでしたか。」 B「（　　）。」

　　1　よくないでした　　　　　　　　2　よくなかったです

　　3　よくありませんです　　　　　　4　よくなかったでした

③ ケンさんは きのう 学校へ （　　） です。

　　1　きない　　　　2　きなかった　　　3　こない　　　　4　こなかった

もんだい2　★ に 入る ものは どれですか。1・2・3・4から いちばん いい ものを 一つ えらんで ください。

④ A「これ、おいしいですよ。食べて ください。」

　　B「すみません。わたしは ＿＿＿＿ ＿＿＿＿ ★ ＿＿＿＿ ありません。」

　　1　は　　　　　　2　では　　　　　3　すき　　　　4　さかな

⑤ 田中「リンさんは ギターが じょうずですね。ピアノも できますか。」

　　リン「はい、でも、ピアノ＿＿＿＿ ＿＿＿＿ ★ ＿＿＿＿です。」

　　1　は　　　　　　2　じょうず　　　3　じゃ　　　　4　ない

（こたえは51ページ）

2日目　きょうだいが いますか。

おぼえましょう

大きい 車を 買いました。　I bought a big car.
おお　　くるま　　か　　　　　Tôi đã mua chiếc xe ô-tô lớn.

形容詞＋名詞	adjective + noun / hình dung từ + danh từ
けいようし　めいし	

※ Be careful of conjugations. /
　Lưu ý chia thể của từ.（形に注意。）

・**きれいな いろ**ですね。　❗ きれい❌ いろ　　❗ 大きいの❌ 車
　　　　　　　　　　　　　　　　　　　　　　　　　おお　　　くるま

名詞＋名詞	noun + noun / danh từ + danh từ
めいし　めいし	

・**日本の 車**を 買いました。　　・これは **きのうの しんぶん**です。
　にほん　くるま　か

A「だれの かさですか。」　B「わたしのです。」

A: "Whose umbrella is this?" B: "It's mine." / A: Cái dù của ai?　B: Của tôi.

～の	This particle の is used in place of ～の +noun. / Thể hiện sự thay thế cho danh từ.（名詞の代わりを表す。）

・A「この ペンは **あなたの**ですか。　**田中さんの**ですか。」
　　　　　　　　　　　　　　　　　　たなか
　B「**田中さんの**です。**わたしの**は **あおいの**です。」
　　たなか
・A「その バッグを 見せて ください。」
　　　　　　　　　　み
　B「**大きいの**ですか。**小さいの**ですか。」
　　おお　　　　　　ちい
・A「いい とけいですね。**どこの**ですか。」
　B「**日本の**です。」
　　にほん

ペンが ありますか。

Do you have a pen?
(Bạn) Có bút không?

あります	います	have / Có

あります is used for inanimate objects, while います is used for people and animals. / " あります " dùng cho "đồ vật",
" います "dùng cho "người và động vật".（「あります」は 「物」に、「います」は 「人や動物」に使う。）

・雨ですよ。かさが **あります**か（＝かさを もって いますか）。
　あめ
・わたしは きょうだいが **いません**。　I don't have any siblings. / Tôi không có anh chị em.
❗ わたしは きょうだいを もって❌ いません。

There is a cat on the chair.
Trên ghế có con mèo.

（場所）に…が あります　　（場所）に…が います

あります is used to express the existence of inanimate objects, while います is used to express the existence of people and animals. / " あります " thể hiện sự tồn tại của vật, " います " thể hiện sự tồn tại của người và động vật. (「あります」は物の存在、「います」は人や動物の存在を表す。)

• れいぞうこの　中に　ケーキが　あります。

• この　クラスに　中国人が　5人　います。

※ When in the negative form, は is often used instead of が . / Khi phủ định, trợ từ " が " thường trở thành " は ". (否定になると、「が」は「は」になることが多い。)

• ここに　キムさんは　いません。

れんしゅう

もんだい1 （　　）に　何を　入れますか。1・2・3・4から　いちばん　いい　ものを　一つ　えらんで　ください。

① A「これは　あなたの　かさですか。」　B「いいえ、わたし（　　）では　ありません。」

　　1　は　　　　　　　2　の　　　　　　　3　も　　　　　　　4　が

② A「あの　人は　トムさんの　おねえさんです。」　B「（　　）　人ですね。」

　　1　きれい　　　　　2　きれいな　　　　3　きれいで　　　　4　きれいの

③ わたしの　いえには　ネコが　2ひき（　　）。　　*〜ひき 〜 animals (counter for animals) / 〜 con (đếm động vật nhỏ như chó, mèo v.v.)

　　1　います　　　　　2　あります　　　　3　いません　　　　4　ありません

もんだい2 ＿★＿に　入る　ものは　どれですか。1・2・3・4から　いちばん　いい　ものを　一つ　えらんで　ください。

④ A「ケンさんは　いもうとが　いますか。」

　　B「いいえ、いもうとは　＿＿＿＿　＿＿＿＿　＿★＿　＿＿＿＿。」

　　1　います　　　　2　いません　　　3　が　　　　　　4　おとうとが

⑤ トム「この　あおい　かさは　リンさんのですか。」

　　リン「ちがいます。＿＿＿＿　＿＿＿＿　＿★＿　＿＿＿＿です。」

　　1　のは　　　　　　2　あかい　　　　　3　わたし　　　　　4　の

（こたえは 53 ページ）

49 ページのこたえ：①3　②2　③4　④4→1→★3→2　⑤1→2→★3→4

3日目　あには せが 高いです。

Q.（　）に 入るのは？
その かど（　）
まがって ください。

おぼえましょう

来週は テストが あります。　There is a test next week.
Tuần tới có bài kiểm tra.

Nは

① This indicates the topic. / Thể hiện chủ đề.（話題を表す。）

・わたしは　カナダから　来ました。

② This expresses emphasis or a comparison. / Thể hiện sự nhấn mạnh hay so sánh v.v.（強調や比較などを表す。）

・わたしは　にくは　食べますが、さかなは　食べません。

AはBが…

・東京は　人が　多いです。　There are many people in Tokyo. / Tokyo đông người.
・あには　せが　高いです。　My brother is tall. / Anh tôi cao.
❶ あにの　せが　高いです。

どこが いいですか。　Where is good?
Ở đâu thì được?

疑問詞＋が　が is used when an interrogative word is the subject, or in a clause in a sentence that is answering an interrogative. / Dùng " が " khi nghi vấn từ (từ để hỏi) thành chủ ngữ và để trả lời câu hỏi đó.（疑問詞が主語になるときやその答えは「～が」を使う。）

・A「どれが　田中さんの　コップですか。」（＝田中さんの　コップは　どれですか。）
　B「これが　田中さんのです。」

まいあさ、7時に いえを 出ます。　I leave my house at 7:00 every morning.
Mỗi sáng, tôi rời khỏi nhà lúc 7 giờ.

Nを　This expresses a place. / Thể hiện nơi chốn.（場所を表す。）

・東京駅で　電車を　おります。
・毎日、こうえんを　とおります。
・まいあさ、こうえんを　さんぽします。
・その　かどを　まがって　ください。

Nと

① This expresses being together with someone. / Thể hiện ý "cùng với nhau" (「一緒に」という意味を表す。)

- 母と 買いものを しました。　　＊ひとりで by oneself / một mình

② This expresses the other person. / Thể hiện đối phương. （相手を表す。）

- おとうとと けんかを しました。

れんしゅう

もんだい１　（　　）に 何を 入れますか。1・2・3・4から いちばん いい ものを 一つ えらんで ください。

① わたしの あねは かみ（　　）長いです。

　　1　も　　　　　　2　と　　　　　　3　が　　　　　　4　に

② A「だれと えいがに 行きましたか。」

　　B「ひとり（　　）行きました。」

　　1　で　　　　　　2　と　　　　　　3　が　　　　　　4　は

③ わたしは まいあさ、7時に いえ（　　）出ます。

　　1　は　　　　　　2　に　　　　　　3　で　　　　　　4　を

もんだい２　＿★＿に 入る ものは どれですか。1・2・3・4から いちばん いい ものを 一つ えらんで ください。

④ A「あ、じてんしゃが きますよ。気をつけて。」

　　B「この 道＿＿＿ ＿＿＿ ＿★＿ ＿＿＿ですね。」

　　1　多い　　　　　　2　が　　　　　　3　じてんしゃ　　　4　は

⑤ A「どの ビルが としょかんですか。」

　　B「ゆうびんきょくの ＿＿＿ ＿＿＿ ＿★＿ ＿＿＿です。」

　　1　となりの　　　　2　が　　　　　　3　ビル　　　　　　4　としょかん

（こたえは 55 ページ）

51ページのこたえ：①2　②2　③1　④2→3→★4→1　⑤3→1→★2→4

4日目　しゅくだいは いえで しましょう。

おぼえましょう

バスに のります。
I get on the bus.
Đi xe buýt.

N に　　N = place / N= nơi chốn （N ＝場所）

・右に まがって ください。　　・にわに ネコが います。
　みぎ
・友だちの たんじょう日パーティーに 行きます。
　とも　　　　　　び　　　　　　　　　　　い

学校は 9時に はじまります。
がっこう　　くじ
School starts at 9:00.
Trường học bắt đầu lúc 9 giờ.

N に

① N = time / N=giờ （N ＝時）

・月よう日に 来て ください。　　・15日に 国に かえります。
　げつ　び　き　　　　　　　　　じゅうごにち　くに

② N = the other person / N = đối phương （N ＝相手）

・先生に 聞きます。　　・友だちに 会います。
　せんせい　き　　　　　とも　　　あ

こうえんで あそびました。
I played in the park.
Tôi đã chơi ở công viên.

N で

① N = place / N= nơi chốn （N ＝場所）

・わたしの 父は 日本で はたらいて います。
　　　　　ちち　にほん

② N = method or way of doing something / N=phương tiện và phương pháp （N ＝手段や方法）

・ナイフで きります。　　・えい語で 話します。
　　　　　　　　　　　　　　　ご　　はな
・電車で 行きます。　　＊あるいて 行きます。I go on foot. / Tôi đi bộ.
　でんしゃ　い　　　　　　　　　　い

③ N = range / N= phạm vi （N ＝範囲）

・せかいで いちばん 長い 川は ナイル川です。
　　　　　　　　　なが　かわ　　　　がわ
・その りんごは 三つで 500円です。
　　　　　　　　　みっ　　ごひゃくえん
・ぜんぶで 1万円です。
　　　　　いちまんえん

N も

① This expresses a similar situation. / Thể hiện sự đồng dạng.（同様であることを表す。）

- わたし**も** パーティーに 行きます。

② Use when talking about similar things one after the other. / Đặt ra và nói về 2 sự vật, sự việc giống nhau.（同じような 物事を並べて言う。）

- わたしは にく**も** さかな**も** 食べません。

れんしゅう

もんだい1 （　）に 何を 入れますか。1・2・3・4から いちばん いい ものを 一つ えらんで ください。

① きのう、ジョンさんの さよならパーティー（　） 行きました。

   1 に　　　　2 で　　　　3 を　　　　4 も

② わからない ことは わたし（　） 聞いて ください。

   1 を　　　　2 が　　　　3 に　　　　4 も

③ A「それは いくらですか。」

  B「一つ 200円です。三つ（　） 500円です。」

   1 と　　　　2 が　　　　3 も　　　　4 で

もんだい2 ＿★＿に 入る ものは どれですか。1・2・3・4から いちばん いい ものを 一つ えらんで ください。

④ A「わたしの 父は 中国人です。」

  B「そうですか、いえ＿＿＿ ＿＿＿ ＿★＿ ＿＿＿で 話しますか。」

   1 お父さん　　2 と　　　　3 中国語　　4 で

⑤ A「きれいな 山ですね。」

  B「あれは ふじ山です。日本＿＿＿ ＿＿＿ ＿★＿ ＿＿＿ですよ。」

   1 いちばん　　2 で　　　　3 山　　　　4 高い

（こたえは 57 ページ）

53 ページのこたえ：①3　②1　③4　④4→3→★2→1　⑤1→3→★2→4

5日目　ここまで あるいて 来ました。

おぼえましょう

まいあさ、コーヒーか こうちゃを 飲みます。

Every morning, I drink coffee or black tea. / Mỗi sáng tôi uống cà phê hoặc hồng trà.

| N₁か N₂（か） | N1 or N2 / N1 hoặc N2 (hoặc / hay) |

・あしたか あさって、田中さんに 電話します。

| N₁や N₂（など） | things like N1 and N2 / N1 và N2 (v.v.) |

・駅の 前には、コンビニや ぎんこうなどが あります。

うちから 学校まで 1時間 かかります。

It takes an hour to get from my house to school. / Từ nhà đến trường mất 1 tiếng đồng hồ.

| N₁から N₂まで | N1, N2 = place or time / N1, N2 = nơi chốn và thời gian （N₁、N₂ ＝　場所や時） |

・テストは 15日から 18日までです。

7時ごろ もういちど 電話します。

I'll call again around 7:00.
Khoảng 7 giờ tôi sẽ gọi điện thoại một lần nữa.

| Nごろ | around N / khoảng N |

N = time / N = giờ （N ＝時）

・あしたの ひるごろ 来て ください。

| N くらい／ぐらい | around N, about N / khoảng N |

N = approximate amount or degree / N= số lượng và mức độ đại khái （N ＝だいたいの数量や程度）

・駅まで タクシーで 1,000円ぐらい かかります。

休みは 日よう日だけです。

Sunday is my only day off.
Ngày nghỉ chỉ có chủ nhật.

| Nだけ | just N / chỉ N |

・この クラスで 中国人は トムさんだけです。　・10分だけ 休みましょう。

電車では 5時間 かかります。 It takes five hours by train.
でんしゃ　　ごじかん
Đi bằng tàu điện mất 5 tiếng.

When は is attached to particles like へ, に, まで or で, they often indicate the topic or express emphasis. / Thường có cách thể hiện chủ đề và sự nhấn mạnh bằng cách thêm " は " vào các trợ từ như " へ " và " に ", " まで ", " で " v.v.（「へ」や「に」、「まで」、「で」などの助詞に「は」がついて、話題や強調を表すことがよくある。）

- 東京駅へは 何で 行きますか。
とうきょうえき　なに　い
- この まちには としょかんが ありません。
- もんだい3ばんまでは かんたんでした。
さん

れんしゅう

もんだい1 （　）に 何を 入れますか。1・2・3・4から いちばん いい ものを
なに
一つ えらんで ください。
ひと

① コーヒー（　　）こうちゃ、どちらが いいですか。

　1　か　　　　　　2　や　　　　　　3　も　　　　　　4　など

② A「いい バッグですね。高かったですか。」
たか
　B「いえ、高く ありませんでした。3,000円（　　）でした。」
　　たか　　　　　　　　さんぜんえん
　1　だけ　　　　　2　くらい　　　3　ごろ　　　　4　から

③ わたしの いえ（　　）おふろが ありません。

　1　のは　　　　　2　には　　　　3　での　　　　4　でも

もんだい2　★に 入る ものは どれですか。1・2・3・4から いちばん いい
はい
ものを 一つ えらんで ください。
ひと

④（学校で）
がっこう
　A「駅から バスで 来ますか。」
　　えき　　　　き
　B「いいえ、学校＿＿＿ ＿＿＿ ★＿＿＿ ＿＿＿ います。」
　　　　　がっこう
　1　まで　　　　　2　まいにち　　3　来て　　　　4　あるいて
　　　　　　　　　　　　　　　き

⑤ リン「トムさんは、いつまで ここに いますか。」

　トム「3月までです。4月＿＿＿ ＿＿＿ ★＿＿＿ ＿＿＿ はたらきます。」
　　　さんがつ　　　　しがつ
　1　は　　　　　　2　東京　　　　3　で　　　　　4　から
　　　　　　　　　　　とうきょう

（こたえは 59 ページ）

55ページのこたえ：①1　②3　③4　④4→1→★2→3　⑤2→1→★4→3

6日目　お国は どちらですか。

おぼえましょう

あの 人は どなたですか。
Who is that person?
Người đó là ai / vị nào?

| だれ | どなた | who / ai / vị nào |

※どなた is a polite form of だれ . / " どなた (vị nào?)" là cách nói lịch sự.（「どなた」はていねいな言い方。）

• これは　だれの　ペンですか。

| なに | なん | what / cái gì / gì |

• A「それは、何の　本ですか。」　B「りょうりの　本です。」

| どこ | どちら | where / ở đâu / ở đâu |

※どちら is a polite form of どこ . / " どちら (ở đâu?) là cách nói lịch sự.（「どちら」はていねいな言い方。）

• お国は　どちらですか。Which country are you from? / Nước của bạn ở đâu?

| どうやって | なんで | how / làm thế nào / bằng cái gì |

• どうやって／何で　会社に　行きますか。

| どんな N | what kind of N / N như thế nào |

• どんな　おんがくが　すきですか。

| どの N | which N / N nào |

• A「その　本を　とって　ください。」　B「どの　本ですか。」

※ Other expressions / Cách diễn đạt khác（そのほかの表現）：いつ（when / khi nào）どれ（which, what / cái nào）どちら／どっち（which / cái nào）どうして／なぜ（why / tại sao）いくら（how much / bao nhiêu）どのくらい／どれくらい（how many, how much, how long / khoảng bao lâu, khoảng bao nhiêu）

たまごが いくつ ありますか。
How many eggs are there?
Có mấy quả trứng?

| いくつ | This is used when asking the quantity of something, or when asking a person or animal's age. / Dùng khi hỏi số lượng đồ vật và tuổi của người và động vật.（物の数や、人や動物の年齢を聞くときに使う。）

• A「りんごを　いくつ　買いましたか。」　B「三つ／三こ　買いました。」
• A「いもうとさんは、いくつですか。」　B「15 さいです。」

※ Different counter affixes are used depending on what is being counted. / Tùy vào đếm cái gì sẽ sử dụng trợ từ đếm khác nhau.（何を数えるかによって、異なる助数詞を使う。）

＊本、ノート→一さつ、二さつ…　人→一人、二人、三人…

⇨ p. 46

※こちら and そちら are used when introducing people, but not for introducing one's own family members./ Khi giới thiệu người khác, dùng "こちら (Người này là / Đây là)", "そちら (Người đó là / Đó là)" nhưng không dùng cho gia đình mình. （人を紹介するとき、「こちら」「そちら」を使うが、家族には使わない。）

・**こちら**は　リンさんの　お母さんです。**そちら**は　トムさんの　お父さんです。

❶ こちらは　わたしの　母です。

れんしゅう

もんだい１ （　　）に　何を　入れますか。１・２・３・４から　いちばん　いい　ものを　一つ　えらんで　ください。

① A「まいにち　いえで　（　　）　べんきょうしますか。」

　B「わたしは　いえでは　べんきょうしません。」

　１　どのくらい　　２　どんなくらい　３　どこで　　　　４　どちらで

② A「この　かんじの　いみを　おしえて　ください。」

　B「（　　）　かんじですか。」

　１　どれ　　　　　２　なに　　　　　３　どの　　　　　４　どっち

③ トム「（　　）が、リンさんの　お母さんですか。」

　リン「はい、そうです。」

　１　こちら　　　　２　この母　　　　３　どちら　　　　４　どの人

もんだい２ ＿＿★＿に　入る　ものは　どれですか。１・２・３・４から　いちばん　いい　ものを　一つ　えらんで　ください。

④ A「駅から　＿＿＿＿　＿＿＿＿　＿★＿　＿＿＿＿　かかりますか。」

　B「10分　くらいです。」

　１　まで　　　　　２　くらい　　　　３　どの　　　　　４　そこ

⑤ きのう、ノート　＿＿＿＿　＿＿＿＿　＿★＿　＿＿＿＿を　２こ　買いました。

　１　を　　　　　　２　３さつ　　　　３　けしゴム　　　４　と

（こたえは 62 ページ）

57ページのこたえ：①１　②２　③２　④１→２→★４→３　⑤４→１→★２→３

7日目　まとめもんだい

Review Test /
Bài tập tổng hợp

時間：20分

点数
／100

（こたえは別冊 p. 3）

もんだい1　　1 から 3 に 何を 入れますか。ぶんしょうの いみを かんがえて、1・2・3・4から いちばん いい ものを 一つ えらんで ください。

10点×3問

リンさんは 日本語クラスで 「日本の 食べもの」の ぶんしょうを 書きました。

日本の 食べもの 1 いちばん すきな ものは なっとう(※1)です。はじめは 2 が、今は まいにち 食べます。だから、なっとうは いつも れいぞうこの 中に あります。すし(※2)も すきです。 3 ものは 日本の おかし(※3)です。わたしは あまい ものを あまり 食べませんから。みなさんは、どうですか。

1　　1 に　　　　　2 は　　　　　　3 で　　　　　　　4 が

2　　1 すきなかったです　　　　　　2 すきくなかったです

　　　3 すきじゃなかったです　　　　4 すきじゃないでした

3　　1 きらい　　　2 きらいな　　　3 きらいの　　　　4 きらいだ

もんだい2　　つぎの (1)と (2)の ぶんを 読んで、しつもんに こたえて ください。こたえは 1・2・3・4から いちばん いい ものを 一つ えらんで ください。

10点×2問

（1）わたしは 友だちと やおやに 行きました。りんごが 一つ 200円でした。それは ちょっと 高いと おもいました。でも、四つでは 600円でした。わたしも 二つ、友だちも 二つ ほしかったから、二人で 四つ 買いました。

4　「わたし」は りんごを いくつ 買いましたか。いくら でしたか。

　　1 一つ 買って、200円でした。　　　2 二つ 買って、400円でした。

　　3 二つ 買って、300円でした。　　　4 四つ 買って、800円でした。

（2）うちから 学校まで バスで 20分くらい かかります。わたしは たいてい じてんしゃで 行きますが、雨の 日は バスで 行きます。じてんしゃでは 30分くらい かかります。きのうは 雨だったので、バスで 行きましたが、じてんしゃと おなじ くらい 時間が かかりました。

⑤　きのう　学校まで　どうやって　行きましたか。どのぐらい　かかりましたか。

　1　じてんしゃで　行きました。20分でした。

　2　バスで　行きました。30分でした。

　3　じてんしゃで　行きました。30分でした。

　4　バスで　行きました。20分でした。

もんだい3　つぎの　ぶんを　読んで、しつもんに　こたえて　ください。こたえは
　　　　　　　　1・2・3・4から　いちばん　いい　ものを　一つ　えらんで　ください。

15点×2問

　先週の　日よう日に　わたしは　タンさんと　いっしょに　レストランへ　行きました。店の　人が　わたしたちに　何か　聞きました。

　タンさんは　タイ人で、わたしは　ベトナム人です。タンさんも　わたしも　先月、日本に　来ました。そして、おなじ　クラスで　日本語を　べんきょうして　いますが、わたしたちは　まだ　あまり　日本語が　上手では　ありません。

　店の　人は　また　何か　言って、わたしたちを　テーブルに　あんないしました(※4)。「『なんまいさま』『2まいさま』と　言いましたが、へんですね。」と　タンさんが　言いました。

　わたしは　「そうですね、『まい』は　かみや　シャツですよね。人は　『にん』ですよね。あした、クラスで　先生に　聞きましょう。」と　言って、二人で　おいしい　ランチを　食べました。

⑥　どうして　へんですか。

　1　店の　人が　わたしたちを　テーブルに　あんないしましたから。

　2　わたしたちは　日本語が　わかりませんでしたから。

　3　店の　人が　「にん」を　つかいましたから。

　4　「まい」は　かみや　シャツに　つかいますから。

⑦　二人は　あした、どうしますか。

　1　おいしい　ランチを　食べます。　　　2　店の　人に　しつもんします。

　3　先生に　しつもんします。　　　　　　4　また　レストランに　行きます。

もんだい4 つぎの ポスターを 見て、したの しつもんに こたえて ください。
こたえは、1・2・3・4から いちばん いい ものを 一つ
えらんで ください。

20点×1問

バラの 花まつり

木下バラえん(※5)　☎ 012 − 234 − 4567

5/13 (土) 〜 5/28 (日)

9：00 〜 17：00

大人・大学生・高校生	500 円
小学生・中学生	300 円
65 さい〜	200 円

★ローズカフェ(※6) 11：00 〜 17：00 (火・木は 休みます)

バラの おちゃ　　　　　100 円

★イベント(※7) 5/16 (火) 〜 25 (木)

- コンサート
  火・木・土　14：00 〜 16：00
- フラワーアレンジメント(※8)
  月・水・金　10：00 〜 11：30

---

8 バラの 花まつりで、バラの おちゃを 飲んで、コンサートを 聞きたいです。
いつ 行きますか。

1　5月13日 (土)

2　5月18日 (木)

3　5月20日 (土)

4　5月23日 (火)

---

59 ページのこたえ：①1　②3　③1　④4→1→★3→2　⑤1→2→★4→3

ぶんぽうと 読む
れんしゅうを しましょう②

Let's practice grammar and reading ② / Hãy luyện tập ngữ pháp và tập đọc ②

第四週

1日目　コーヒーは いかがですか。

おぼえましょう

何か 飲みましょう。
Let's drink something.
Chúng ta uống cái gì đó nào.

なにか	something / cái gì đó
どこか	somewhere / (ở) đâu đó
だれか	someone / ai đó
いつか	sometime / khi nào đó

- おなかが すきましたね。**何か** 食べましょう。
- あした、**どこか**（へ／に） 行きましょう。
- きょうしつに **だれか** いますか。
- **いつか** フランスに 行きたいです。

きょうしつには だれも いません。
There is no one in the classroom.
Trong phòng học không có ai cả.

| だれも〜ません | だれも〜ないです | no one 〜 / không 〜 ai cả |

- あしたは **だれも** 来ません（＝だれも 来ないです）。

| どこ（へ／に）も V ません | どこ（へ／に）も V ないです | not 〜 anywhere
không V/〜 đâu cả |

- きのうは **どこへも** 行きませんでした（＝どこにも 行かなかったです）。

| なにも〜ません | なにも〜ないです | not 〜 anything / Thể quá khứ |

- けさは **何も** 食べませんでした（＝何も 食べなかったです）。

どれでも いいです。
Any one is okay.
Cái nào cũng được.

どれでも	any one / cái nào cũng
なんでも	anything / cái gì cũng
だれでも	anyone, anybody / ai cũng
いつでも	anytime / khi nào cũng
どこでも	anywhere / ở đâu cũng

- **どれでも** 100円です。
- わたしは **なんでも** 食べます。
- この もんだいは **だれでも** できますよ。
- **いつでも** 来てください。
- **どこでも** 行きます。

日本の 生活は どうですか。
にほん せいかつ

How is life in Japan?
Cuộc sống ở Nhật thế nào?

| どうですか | いかがですか | how about, how / sao? / thế nào?

- 今日の テストは どうでしたか。
きょう

※いかが is a polite form of どう. / "いかが" là cách nói lịch sự. (「いかが」はていねいな言い方。)

- 新しい 会社は いかがですか。
あたら かいしゃ

※ This is used when suggesting something to someone. / Dùng cả khi khuyến khích, mời đối phương cái gì đó. (相手に何かをすすめるときにも使う。)

- コーヒーは どう／いかがですか。

れんしゅう

もんだい1 （　）に 何を 入れますか。1・2・3・4から いちばん いい ものを
なに　い
一つ えらんで ください。
ひと

① この バッグは 大きいです。（　　） 入ります。
おお　はい

1　なんでも　　　　2　なにか　　　　　3　なにも　　　　4　なにが

② きのう、デパートに 行きましたが、（　　） 買いませんでした。
い　か

1　どこか　　　　　2　いつか　　　　　3　だれか　　　　4　なにも

③ A「りょこうは （　　） でしたか。」

　B「たのしかったです。また 行きたいです。」
い

1　どんな　　　　　2　どこ　　　　　　3　どう　　　　　4　どこへ

もんだい2 ＿★＿に 入る ものは どれですか。1・2・3・4から いちばん いい
はい
ものを 一つ えらんで ください。
ひと

④ A「あした、だれ＿＿＿＿ ＿＿＿＿ ＿★＿ ＿＿＿＿に えいがに 行きませんか。」
い

　B「わたし、行きたいです。」
い

1　いっしょ　　　2　と　　　　　　3　わたし　　　　4　か

⑤ A「あした、いそがしいですか。」

　B「あさは バイトが ありますが、

　　＿＿＿＿ ＿＿＿＿ ＿★＿ ＿＿＿＿ ありません。」

1　よていは　　　2　の　　　　　　3　なにも　　　　4　ごご

（こたえは 67 ページ）

2日目　先生は きれいで、やさしいです。
せんせい

おぼえましょう

その レストランは 安くて、おいしいです。
やす

That restaurant is inexpensive and pretty good. / Nhà hàng đó rẻ và ngon.

| i-A くて | na-A で | N で | （て形 te-form / thể て (te)）

＊大きい→大きくて　　いい→よくて　　きれい→きれいで　　しずか→しずかで
おお　　おお

　大きくない→大きくなくて　　きれいじゃない→きれいじゃなくて
おお　　おお

- この　バッグは　いろも　<u>よくて</u>、かたちも　いいです。　❗いいと

- あの　人は　<u>先生じゃなくて</u>、学生です。　❗先生じゃないと
　　　ひと　　せんせい　　　　　がくせい　　　　　　せんせい

- 先生は　<u>きれいで</u>　やさしいです。　❗きれい✕て　❗きれい✕と
　せんせい

※ The te-form is also used when talking about past events. / Khi nói chuyện quá khứ cũng dùng "thể て". （過去のことを
　言うときも「て形」を使う。）

- きのうの　レストランは　<u>おいしくなくて</u>、<u>高かった</u>です。
　　　　　　　　　　　　　　　　　　　　　　　たか

うちに かえって、テレビを 見ます。
み

I will go home and watch TV.
Tôi về nhà và xem phim.

| V て | （て形 te-form / thể て (te)）
けい

＊帰ります→帰って　　読みます→読んで　　書きます→書いて　　見ます→見て
かえ　　かえ　　　　よ　　　よ　　　　か　　　か　　　　み　　　み

- あさ　おきて、あさごはんを　<u>食べて</u>、さんぽに　行きます。
　　　　　　　　　　　　　　　た　　　　　　　　い

　❗おきて✕と　食べて✕と
　　　　　　　た

- パーティーは　6時に　<u>はじまって</u>、今、おわりました。
　　　　　　　ろくじ　　　　　　　　いま

| V てから | after doing V / sau khi V

This is used when listing actions in order. / Dùng khi nói thứ tự. （順番を言うときに使う。）

- 手を　<u>あらってから</u>　ごはんを　食べましょう。
　て　　　　　　　　　　　た

- ごはんを　<u>食べてから</u>　はを　みがきます。
　　　　た

This morning, I woke up at 6:00 and then went for a walk. / Sáng nay tôi dậy lúc 6 giờ, sau đó đi dạo.

| それから… | そして… | and then, after that / Sau đó / Rồi thì, ….

- ピザを おねがいします。**それから**、コーヒーも おねがいします。

- あには あたまが いいです。**そして**、やさしいです。

     (＝あたまが よくて、やさしいです。)

     ❶ …いいです。 ✕ やさしいです。

れんしゅう

もんだい１ （　　）に 何を 入れますか。１・２・３・４から いちばん いい ものを 一つ えらんで ください。

① わたしの 前の アパートは （　　） せまかったです。

　１ 古いで　　　　２ 古くて　　　　３ 古かったと　　４ 古いでしたと

② トム「リンさんは いつ しゅくだいを しますか。」

　リン「あさ、します。おきて、あさごはんを （　　）から します。」

　１ 食べる　　　　２ 食べた　　　　３ 食べて　　　　４ 食べない

③ 毎日、おふろに 入ります。（　　）、ねます。

　１ と　　　　　　２ また　　　　　３ そしてから　　４ それから

もんだい２ ＿★＿に 入る ものは どれですか。１・２・３・４から いちばん いい ものを 一つ えらんで ください。

④ Ａ「かいぎは 何時からですか。」

　Ｂ「1時からです。1時に ＿＿＿ ＿＿＿ ＿★＿ ＿＿＿ かかります。」

　１ 3時　　　　　２ まで　　　　　３ はじまって　　４ ごろ

⑤ Ａ「日よう日は 何を しましたか。」

　Ｂ「＿＿＿ ＿＿＿ ＿★＿ ＿＿＿ えいがを 見ました。」

　１ デパート　　　２ ふくを買って　３ で　　　　　　４ それから

（こたえは 69 ページ）

65ページのこたえ：①1　②4　③3　④4→3→★2→1　⑤4→2→★1→3

3日目　しゅくだいを わすれないで ください。

おぼえましょう

じてんしゃが ほしいです。
I want a bicycle.
Tôi muốn có chiếc xe đạp.

N が ほしいです　want N / muốn có N

・わたしは　ねこが　ほしいです。

・わたしは　いもうとが　ほしかったです。

・車は　ほしくないです（＝車は　ほしく　ありません）。
（くるま）　　　　　　　　　　　（くるま）

V たいです　want to do V / muốn V

・ステーキが　食べたいです。
　　　　　　（た）

・子どものとき　先生に　なりたかったです。
（こ）　　　　　（せんせい）

・びょういんには　行きたくないです（＝行きたく　ありません）。
　　　　　　　　　（い）　　　　　　　（い）

テレビを 見て います。
I'm watching TV.
Tôi đang xem tivi.
（み）

V て います

① This expresses an action in progress. / Diễn tả sự tiến hành của động tác.（動作の進行を表す。）

・今、いもうとは　ピアノを　ひいて　います。
（いま）

② This expresses a condition or habit, not a current action. / Không diễn tả động tác bây giờ mà diễn tả tình trạng hay thói quen.（今の動作ではなく、状態や習慣的なことを表す。）

・あねは　アメリカに　すんで　います。　❶すみます

・わたしは　あの　人を　しって　います。　❶しります
　　　　　　　　（ひと）

しゃしんを 見せて ください。
Please show me the picture.
Vui lòng cho tôi xem ảnh.
（み）

V て ください　please V / Vui lòng V / Hãy V

・ちょっと　まって　ください。　　・ペンを　かして　ください。

V ないで ください　please don't V / Vui lòng không V / Đừng V

・ペンで　書かないで　ください。　　・タバコは　すわないで　ください。
　　　（か）

It's hot everyday, isn't it?
Ngày nào cũng nóng nhỉ.

| (文)ね。 | (文)ねえ。 |

This expresses that one is looking for agreement from the listener or emphasizes one's feelings. / Thể hiện ý mong được sự đồng ý, tình cảm của đối phương.（相手に同意を求めたり、感情を表す。）

・今日も また 雨ですね。
　きょう　　　　　あめ
・これ、 おいしいですねえ。

| (文)よ。 |

This is used informing the listener of something, or for emphasis. / Dùng khi cho đối phương biết điều gì đó hay để nhấn mạnh.（相手に何かを知らせたり、強調するときに使う。）

・雨が ふって いますよ。
　あめ
・テストは あしたですよ。

れんしゅう

もんだい1 （　）に 何を 入れますか。1・2・3・4から いちばん いい ものを
　　　　　　　　　　なに　　い
　　　　　　　一つ えらんで ください。
　　　　　　　ひと

① A「つかれましたね。」

　B「はい、つかれました。少し （　）です。」
　　　　　　　　　　　　　　すこ

　1　休まない　　　　2　休んでから　　　3　休みたい　　　　4　休みたくない
　　　やす　　　　　　　やす　　　　　　　やす　　　　　　　やす

② A「ここには 何を 書きますか。」
　　　　　　　なに　か

　B「何も （　）。」
　　　なに

　1　書きました　　　　　　　　　　　2　書きませんでした
　　　か　　　　　　　　　　　　　　　か

　3　書いてください　　　　　　　　　4　書かないでください
　　　か　　　　　　　　　　　　　　　か

③ あたまが いたいです。きょうは どこにも （　）です。

　1　行きません　　2　行かなかった　3　行きたくない　4　行きたくなかった
　　　い　　　　　　　い　　　　　　　い　　　　　　　い

もんだい2 ＿★＿に 入る ものは どれですか。1・2・3・4から いちばん いい
　　　　　　　　　　　はい
　　　　　ものを 一つ えらんで ください。
　　　　　　　　ひと

④ おとうとは 毎日、学校＿＿＿ ＿＿＿ ＿★＿ ＿＿＿を して います。
　　　　　　　まいにち　がっこう

　1　サッカー　　　2　の　　　　　　　3　れんしゅう　　4　で

⑤ 中村「トムさんの しごとは 何ですか。」
　　なかむら　　　　　　　　　　なん

　トム「東京＿＿＿ ＿＿＿ ＿★＿ ＿＿＿ おしえて います。」
　　　　とうきょう

　1　で　　　　　　　2　小学校　　　3　えい語を　　　4　の
　　　　　　　　　　　しょうがっこう　　ご

（こたえは 71 ページ）

67ページのこたえ：①2　②3　③4　④3→1→★4→2　⑤1→3→★2→4

4日目　こうえんを さんぽしませんか。

おぼえましょう

友だちに 本を もらいました。
I received a book from my friend.
Tôi đã nhận quyển sách từ bạn.

～に もらいます	～から もらいます

receive from ～ / nhận từ ～

- クリスマスに　母に　セーターを　もらいました。
- 父から　とけいを　もらいました。

～が（わたしに）くれます

～ give (me) / ～ cho (tôi)

- 友だちが　チョコレートを　くれました。
- たんじょう日に　あねが　バッグを　くれました。

～に あげます

give to ～ / cho ～

- いもうとに　このスカートを　あげます。
- 母の　たんじょう日に　（母に）　バラの　花を　あげました。

タクシーで 行きましょう。
Let's go by taxi.
Hãy đi taxi.

V ましょう

let's V / hãy V

- ちかいから、あるきましょう。
- もう少し　まちましょう。

いっしょに 行きましょうか。
Shall we go together?
Chúng ta hãy cùng đi nào.

V ましょうか

shall we V? / hãy V nào

- あした、どこで　会いましょうか。
- てつだいましょうか。

いっしょに えいがを 見ませんか。

V ませんか	why don't we/you V? / không V sao?	This is used when inviting someone. / Dùng khi rủ rê, mời mọc（誘うときに使う。）

- おなかが すきましたね。何か 食べませんか。
- いい 天気ですね。こうえんに 行きませんか。

れんしゅう

もんだい1 （　）に 何を 入れますか。1・2・3・4から いちばん いい ものを 一つ えらんで ください。

① A「にもつ、（　　）か。」

 B「ありがとうございます。かるいですから、だいじょうぶです。」

 1 もちません　　2 もちました　　3 もちましょう　4 もっています

② この さいふは たんじょう日に 友だちから （　　）。

 1 あげました　　2 もらいました　3 くれました　　4 つかいました

③ A「ランチに 行きませんか。」

 B「いいですね。何を （　　）。」

 1 食べましたか　　　　　　　　　2 食べましょうか

 3 食べませんか　　　　　　　　　4 食べていますか

もんだい2 ＿★＿に 入る ものは どれですか。1・2・3・4から いちばん いい ものを 一つ えらんで ください。

④ A「きれいな いろの セーターですね。」

 B「ありがとうございます。これ＿＿＿ ＿＿＿ ＿★＿ ＿＿＿に くれました。」

 1 たんじょう日 2 は　　　　　3 母　　　　　4 が

⑤ A「そこの カフェで 休みましょうか。」

 B「そうですねえ。もう少し ＿＿＿ ＿＿＿ ＿★＿ ＿＿＿か。」

 1 さんぽ　　　2 休みません　　3 して　　　　4 から

（こたえは 73 ページ）

69 ページのこたえ：①3　②4　③3　④4→1→★2→3　⑤4→2→★1→3

5日目　これは 友だちに もらった CD です。

おぼえましょう

これは クラスで つかう 本です。
This is the book I use in class.
Đây là sách dùng ở lớp.

Words that modify nouns come before the noun they modify, even if the modifying phrase is long. / Phần giải thích của danh từ đặt trước danh từ đó. Ngay cả trường hợp phần giải thích dài cũng đặt trước danh từ.（名詞の説明は、その名詞の前に置く。説明が長い場合でも名詞の前に置く。）

名詞 noun / danh từ	せつめい explanation / giải thích	
先生	きれいで やさしいです	→きれいで やさしい **先生**
レストラン	安くて おいしいです	→安くて おいしい **レストラン**
本や	駅の ちかくです	→駅の ちかくの **本や**
人	かみが 長いです	→かみが 長い **人**／かみの 長い **人**
		※が can be interchanged with の. / " が " đổi thành " の " cũng được.（「が」は「の」に変えてもいい。）
りょうり	父が すき です	→父が すきな **りょうり**／父の すきな **りょうり**
本	としょかんで かりました	→としょかんで かりた **本**
CD	きのう 買いました	→きのう 買った **CD**
会社	田中さんが はたらいています	→田中さんが はたらいて いる **会社**

- この ちかくに 安くて、おいしい **レストラン**が ありますか。
- これは、駅の ちかくの **本や**で 買いました。
- あの かみの 長い**人**は だれですか。
- わたしは 日よう日に 父の すきな **りょうり**を つくりました。
- あした、としょかんで かりた **本**を かえしに 行きます。

| どう しますか | what will you do? / làm thế nào?

- A「その 本を **どう** しますか。」　❷ ✕ なに しますか。

  B「田中さんに あげます。」

- A「パーティーの あと、**どう** しましたか。」

  B「すぐ、いえに かえりました。」

れんしゅう

もんだい1 （　　）に 何を 入れますか。1・2・3・4から いちばん いい ものを 一つ えらんで ください。

① A「それは あたらしい とけいですか。」

  B「いいえ、古いですよ。これは 父に （　　） とけいです。」

　1 もらう　　　　2 もらって　　　3 もらった　　　4 もらったの

② A「バスが ありませんね。（　　）。」　B「あるいて かえりましょう。」

　1 どうですか　　2 いかがですか　3 なにしますか　4 どうしますか

③ あの せ（　　） 高い 人は トムさんの おとうとです。

　1 の　　　　　　2 は　　　　　　3 も　　　　　　4 と

もんだい2 ＿＿★＿＿に 入る ものは どれですか。1・2・3・4から いちばん いい ものを 一つ えらんで ください。

④ わたしの 国＿＿＿ ＿＿＿ ＿★＿ ＿＿＿ 学生が たくさん います。

　1 は　　　　　　2 している　　　3 で　　　　　　4 日本語をべんきょう

⑤ A「リンさん、さかなは すきですか。」

  B「はい、すきです。わたし＿＿＿ ＿＿＿ ＿★＿ ＿＿＿ にんじんだけです。」

　1 きらいな　　　2 は　　　　　　3 の　　　　　　4 もの

（こたえは 75 ページ）

71 ページのこたえ：①3　②2　③2　④2→3→★4→1　⑤1→3→★4→2

6日目　高いから 買いません。

おぼえましょう

時間が ないから、いそぎましょう。
We're out of time, so let's hurry.
Vì không có thời gian nên hãy nhanh lên nào.

| ～から… | … because ~ / vì ~….. |

- あついから、まどを あけましょう。

- わたしは うたが へただから、カラオケには 行きません。

    ❷へたから❌　　　　　　　　　　　　＊カラオケ karaoke / karaoke

＊ごはんを 食べてから テレビを 見ます。　　　　⇨ p. 66

| ～からです | it's because ~ / Vì ~. |

- 今日は、 あそべません。あした、 テストが あるからです。

| だから | because, therefore, so / Vì vậy |

- あしたは テストです。だから、今日は、うちで べんきょうします。

べんきょうしたけれど、テストは できませんでした。
I studied, but I didn't do well on the test. / Tôi đã học bài nhưng không làm được bài kiểm tra.

| ～け(れ)ど… | ～が… | ~ but … / ~ nhưng … |

- 先生に 聞いたけれど、まだ よく わかりません。

- ぼくは げんきだけど、おとうとは からだが よわい。　　❷げんきけど❌

- 日本語は むずかしいですが、とても おもしろいです。

| けれど(も) | でも | しかし | but, however / nhưng / thế nhưng / tuy nhiên |

- りょこうに 行きたいです。けれど(も)、ひまが ありません。

- 日本語は むずかしいです。でも、おもしろいです。

※しかし is used for more formal settings. / "しかし" dùng trong câu văn trịnh trọng（「しかし」は、かたい文に使う。)

2時ですね。それでは、じゅぎょうを おわります。

It's 2:00. Well then, let's end our class. / 2 giờ rồi nhỉ. Vậy thì kết thúc giờ học.

それでは｜では｜それじゃ｜じゃ　well then, in that case / vậy thì / vậy

• 今日は　ここまでです。**それでは／では**、また　来週。

※それじゃ／じゃ are often used in conversation. / "それじゃ／じゃ" thường dùng trong văn nói.（「それじゃ／じゃ」は話し言葉でよく使う。）

• A「時間が　ないですよ。」　B「**じゃ**、タクシーで　行きましょう。」

れんしゅう

もんだい1　（　　）に　何を　入れますか。1・2・3・4から　いちばん　いい　ものを　一つ　えらんで　ください。

① A「この　ケーキ、おいしい（　　）食べて　ください。」

　B「いただきます。」

　1　から　　　　　2　だから　　　　　3　が　　　　　4　けれど

② A「きょうの　テスト、できましたか。」

　B「べんきょうした（　　）、あまり　できませんでした。」

　1　から　　　　　2　だから　　　　　3　でも　　　　　4　けれど

③ A「この　へやは　さむいですね。」

　B「（　　）、ヒーターを　つけましょう。」

　1　じゃ　　　　　2　だけど　　　　　3　だから　　　　　4　それから

もんだい2　＿★＿に　入る　ものは　どれですか。1・2・3・4から　いちばん　いい　ものを　一つ　えらんで　ください。

④ A「どうして、日本に　行きたいですか。」

　B「日本の　＿＿＿＿　＿＿＿＿　＿★＿　＿＿＿＿です。」

　1　から　　　　　2　したい　　　　　3　べんきょう　　　4　りょうりを

⑤ わたしが　＿＿＿＿　＿＿＿＿　＿★＿　＿＿＿＿　せまいです。

　1　きれいだ　　　　2　すんでいる　　　3　アパートは　　　4　けれど

（こたえは 78 ページ）

73 ページのこたえ：①3　②4　③1　④3→1→★4→2　⑤3→1→★4→2

7日目　まとめもんだい

Review Test / Bài tập tổng hợp

時間：20分

点数／100

（こたえは別冊p. 4）

もんだい1　　1 から 3 に 何を 入れますか。ぶんしょうの いみを かんがえて、1・2・3・4から いちばん いい ものを 一つ えらんで ください。

10点×3問

　メイさんは 日本語クラスで 「日本の 文化(※1)」の ぶんしょうを 書きました。

　わたしは 先週の 日よう日に 先生と いっしょに はじめて おちゃの会(※2)に 行きました。きもの(※3)や お花が 1 、 おちゃが 2 です。先生が「ならったら、 3 できますよ。」と 言いましたから、ならいたいと おもいました。

1　1 きれい　　　　2 きれいで　　　　3 きれくて　　　4 きれかった

2　1 おいし　　　　2 おいしい　　　　3 おいしかった　4 おいしいかった

3　1 だれが　　　　2 だれか　　　　　3 だれも　　　　4 だれでも

もんだい2　　つぎの (1)と (2)の ぶんを 読んで、しつもんに こたえて ください。こたえは 1・2・3・4から いちばん いい ものを 一つ えらんで ください。

10点×2問

（1）「日本語の じゅぎょうが おわってから、いっしょに としょかんへ 行きませんか。」と ミンさんが わたしに 言いました。でも、わたしは 「先週 リーさんに かりた 本を かえしに 行きますから、ちょっと…(※4)。」と こたえました。ミンさんは 「じゃ、また。」と 言いました。

4　「わたし」は 日本語の じゅぎょうが おわってから、何を しますか。

1　としょかんに 本を かりに 行きます。

2　ミンさんと いっしょに 出かけます。

3　としょかんに 本を かえしに 行きます。

4　リーさんに 本を かえしに 行きます。

（2）わたしは 子どものとき、先生に なりたかったです。けれども、大学に 入って、日本に べんきょうに 来てから、日本の ラーメンが 大すきに

なりました。今、ラーメンの　店で　バイト(※5)を　して　います。今の
わたしの　ゆめ(※6)は、じぶんの　国で　ラーメンの　店を　もつ　ことです。

5 「わたし」は、いつか　何が　したいですか。

1 先生に　なりたいです。　　　　2 日本の　大学で　べんきょうしたいです。

3 ラーメンを　食べたいです。　　4 ラーメンの　店を　もちたいです。

もんだい3　つぎの　ぶんを　読んで、しつもんに　こたえて　ください。こたえは
　　　　　1・2・3・4から　いちばん　いい　ものを　一つ　えらんで　ください。

15点×2問

このごろ、テレビで　火事(※7)の　ニュースを　よく　見ます。そして、わたしも
いえの　ちかくで　火事を　けす　あかい　車(※8)を　よく　見ます。

おととい、駅の　前に　あかい　車が　3だい　とまって　いました。駅前の
マンションの　火事でした。

きのうは　スーパーの　前に　また　あかい　車が　3だい　とまって　いました。
でも、火事じゃなくて、事故(※9)でした。スーパーの　エスカレーターで　子どもが
けがを　した(※10)　と　だれかが　話して　いました。

あとで、インターネットで　ニュースを　読みました。「エスカレーターを　とめて
子どもを　たすけました(※11)。　2時間も　かかりましたが、子どもの　けがは
かるかった(※12)です。」と　書いて　ありました。よかったです。

6 わたしが　よく　見た　あかい　車は　何の　車ですか。

1 ゆうびんきょくの　車です。

2 火事や　事故の　ときに　来る　車です。

3 スーパーや　マンションの　車です。

4 けがを　した　人を　びょういんに　つれて　行く　車(※13)です。

7 何が　よかったですか。

1 火事じゃなかったから。　　　　2 2時間　かかったから。

3 けがが　かるかったから。　　　4 なんども　火事や　事故を　見たから。

もんだい4　つぎの　はがきを　見て、したの　しつもんに　こたえて　ください。
こたえは、1・2・3・4から　いちばん　いい　ものを　一つ
えらんで　ください。

20点× 1問

ふゆの セール(※14)

ホワイトクリーニング　☎ 021—4321—8765

4月 ///

コート・ジャケット・マフラー(※15)セール！

月～金よう日　　30% OFF

土よう日　　　　20% OFF

5月～6月 ///

なんでも　セール！

月～金よう日　　10% OFF

土よう日　　　　5% OFF

7月 ///

コート・ジャケット　セール！

月～金よう日　　30% OFF

土よう日　　　　25% OFF

※この　はがき(※16)を　もって来て　ください。
　1かいに　10まいまで(※17)。

8　コートと　マフラーを　土よう日か　日よう日に　クリーニングしたいです。
　　いちばん　安いのは　いつですか。

1　マフラーも　コートも　4月。

2　マフラーも　コートも　5月か　6月。

3　マフラーは　5月か　6月、コートは　7月。

4　マフラーは　4月、コートは　7月。

75 ページのこたえ：①1　②4　③1　④4→3→★2→1　⑤2→3→★1→4

第5週

ぶんぽうと 読む
れんしゅうを しましょう③

Let's practice grammar and reading ③ / Hãy luyện tập ngữ pháp và tập đọc ③

第五週

1日目　それは たいへんですね。

おぼえましょう

きのうは とても さむかったです。
It was very cold yesterday.
Hôm qua (trời đã) rất lạnh.

とても	たいへん	very, terribly / rất / cực kỳ

- 日本語が　とても／たいへん　上手ですね。

※すごく and ほんとうに are often used in conversation. / Trong văn nói thì thường dùng " すごく (vô cùng)", " ほんとうに (thật sự là)" (話し言葉では「すごく」「ほんとうに」をよく使う。)

- すごく　おいしいです。　　・ほんとうに　きれいです。

～は たいへんです	~ is terrible/difficult / ~ vất vả / ~ gay go

- 日本語の　べんきょうは　たいへんです。
- A「母が　びょうきです。」

　B「それは　たいへんですね。」

今日は あまり さむくありません。
It's not so cold today.
Hôm nay không lạnh lắm.

あ(ん)まり ～ありません	あ(ん)まり ～ないです	not so ~ / không ~ lắm

- 今日は　あまり　おさけを　のみたくありません。
- この　にくは　あんまり　おいしくないです。

ぜんぜん ～	not ~ at all / hoàn toàn ~

- テストは　ぜんぜん　できませんでした。
- ぜんぜん　だめです。

※ This is usually used with words that are in negative form, but it also be used with words that are in the affirmative, like ぜんぜん だいじょうぶ. / Được dùng chung với thể phủ định hay từ mang tính phủ định nhưng cũng có khi được dùng với từ mang tính khẳng định như " ぜんぜん　だいじょうぶです (hoàn toàn không sao)" (否定形や否定的な言葉と一緒に使われるが、「ぜんぜん　だいじょうぶです。」のように、肯定的な言葉と一緒に使われることもある。)

いつも	always / lúc nào cũng, luôn	・ケンさんは **いつも** わらって います。
ときどき	sometimes / thỉnh thoảng	・**ときどき** 駅で 先生に 会います。
たいてい	usually, generally / thường xuyên	・日よう日は **たいてい** うちに います。
よく	often / thường	・ひるは **よく** ラーメンを 食べます。

れんしゅう

もんだい1 （　　）に 何を 入れますか。1・2・3・4から いちばん いい ものを 一つ えらんで ください。

① A「きのうは さむかったですね。」

B「ほんとうに。でも、きょうは （　　） さむく ありませんね。」

1　たいてい　　　2　たいへん　　　3　ぜんぜん　　　4　とても

② わたしは ピアノを ひきますが、あんまり じょうず（　　）。

1　です　　　　2　なです　　　　3　ではありません　4　なではありません

③ A「えいがは どうでしたか。」

B「（　　） おもしろく ありませんでした。」

1　たいへん　　　2　とても　　　3　たいてい　　　4　あんまり

もんだい2 ＿★＿に 入る ものは どれですか。1・2・3・4から いちばん いい ものを 一つ えらんで ください。

④ A「日本語の べんきょうは たのしいですか。」

B「はい。けれど、＿＿＿ ＿＿＿ ＿★＿ ＿＿＿です。」

1　かんじの　　　2　べんきょう　　　3　たいへん　　　4　は

⑤ A「休みの 日は 何を して いますか。」

B「ときどき、えいがに ＿＿＿ ＿＿＿ ＿★＿ ＿＿＿に います。」

1　うち　　　　2　行きます　　　3　が　　　　4　たいてい

（こたえは 83 ページ）

2日目　まだ しゅくだいを して いません。

おぼえましょう

その レストランは まあまあ おいしかったです。

That restaurant was somewhat good. / Nhà hàng đó ngon vừa vừa (tàm tạm)

まあまあ	so-so, somewhat / tàm tạm	• A「テストは　どうでしたか。」 　B「まあまあでした。」
ほとんど	mostly / hầu như	• 日本語は　ほとんど　話せません。
だいたい	mostly / đại khái	• だいたい　わかりました。
もっと	more / hơn	• もっと　食べたいです。
さっき	a moment ago / lúc nãy	• 田中さんは　さっき　かえりましたよ。
すぐ（に）	right away / ngay lập tức	• すぐに　来て　ください。
もうすぐ	soon / sắp sửa	• もうすぐ　12 時です。

※ Other expressions / Cách diễn đạt khác（そのほかの表現）
また（again / lại nữa, hoặc）　もういちど（once more, one more time / một lần nữa）　たくさん（many, a lot / nhiều）　少し／ちょっと（a little, a few / một chút / chút chút）　もう少し／もうちょっと（a little more / một chút nữa / thêm chút nữa）

もう しゅくだいを しましたか。

Did you already do your homework?
Đã làm bài tập rồi chưa?

もう	already / (đã) rồi

・もう　おふろに　入りました。　　・もう　みんな　かえりましたよ。

まだ	まだ 〜ません	まだ 〜ないです	not yet 〜 / vẫn chưa 〜

・まだ　おひるごはんを　食べて　いません。

・A「もう　しゅくだいは　おわりましたか。」

B1「いいえ、まだです（＝まだ　おわって　いません／まだ　おわって　いないです）。」

B2「はい、もう　おわりました。」　❶もう✕です

| よく | well / kỹ, thường |

- **よく** できましたね。 Well done. / Làm giỏi nhỉ.

- きのうは **よく** ねました。 I slept well last night. / Hôm qua tôi (đã) ngủ ngon.

＊わたしは **よく** としょかんへ 行きます。　　　　　　　　　⇨ p. 81

れんしゅう

もんだい１ （　　）に 何を 入れますか。１・２・３・４から いちばん いい ものを 一つ えらんで ください。

① （パンやで）　田中「すみません。この　パンは　これだけですか。」

　　　　　　　みせの人「（　　）　ありますよ。」

　１　もっと　　　　２　すぐに　　　　３　だいたい　　　４　ほとんど

② A「しゅくだいは　おわりましたか。」　B「まだ（　　）。」

　１　おわりました　　　　　　　　２　おわりませんでした

　３　おわっています　　　　　　　４　おわっていません

③ （　　）あの　人の　名前を　聞きましたが、もう　わすれました。

　１　すぐに　　　２　さっき　　　３　たくさん　　　４　ちょっと

もんだい２ ＿★＿に 入る ものは どれですか。１・２・３・４から いちばん いい ものを 一つ えらんで ください。

④ A「かぜは、どうですか。」

　B「きのう、＿＿＿　＿＿＿　＿★＿　＿＿＿　だいじょうぶです。」

　１　もう　　　　２　よく　　　　３　ねた　　　　４　から

⑤ 先生「きょう　べんきょうした　ところ、わかりましたか。」

　学生「＿＿＿　＿＿＿　＿★＿　＿＿＿　ところが　あります。」

　１　わからない　　２　わかりましたが

　３　まだ　　　４　だいたい

（こたえは 85 ページ）

第五週

81 ページのこたえ：①３　②３　③４　④１→２→★４→３　⑤２→３→★４→１

3日目 あさは 早(はや)く おきましょう。

おぼえましょう

早(はや)く かえりましょう。
Let's go home early.
Hãy về sớm nào.

| i-Aく V | na-Aに V |

※ This explains an action in detail. / Giải thích tình trạng của hành động một cách cụ thể. （動作のようすを詳しく説明する。）

- にんじんを 小(ちい)さく きって ください。
- もう少(すこ)し 大(おお)きく 書(か)いて ください。
- 父(ちち)に カメラを もらいました。たいせつに つかいます。

日本語(にほんご)が 上手(じょうず)に なりました。
I've gotten good at Japanese.
Tiếng Nhật đã trở nên giỏi.

| i-Aく なります | na-Aに なります | N に なります |

※ This expresses a natural change. / Diễn tả sự thay đổi tự nhiên. （自然な変化を表す。）

- ケンちゃん、大(おお)きく なりましたね。　❷ 大(おお)き~~に~~　　＊ケンちゃん…名前(なまえ)
- 天気(てんき)が よく なりました。　＊いい→よく
- ちかくに スーパーが できたから、べんりに なりました。
- いい 天気(てんき)に なりましたね。

テレビの おとを 小(ちい)さく して ください。
Please turn the TV volume down. / Vui lòng vặn nhỏ tiếng tivi.

| i-Aく します | na-Aに します | N に します |

※ This expresses a change in condition due to someone's will. / Diễn tả việc thay đổi tình trạng bằng ý chí con người. （人の意志で状態を変えることを表す。）

- 時間(じかん)が ないから、早(はや)く して ください。
- うるさいです。しずかに して ください。
- A「おひるに 何(なに)を 食(た)べましょうか。」
  B「ラーメンに しましょう。」　　＊ラーメン ramen / mì ramen

| どう 言いますか | なんと 言いますか | How do you say this? / gọi thế nào / gọi là gì |

- 会社を 出るとき、 **どう 言いますか。**
- A「ごはんを 食べる 前に **何と 言いますか。**」　❗なに ✖ 言いますか
  B「日本では 『いただきます』と 言います。」

れんしゅう

もんだい1 （　）に 何を 入れますか。1・2・3・4から いちばん いい ものを 一つ えらんで ください。

① あさは 雨が ふって いましたが、ごごから 天気が （　）なりました。

　1 いい　　　　　2 いいに　　　　3 よいに　　　　4 よく

② A「かみを きりましたね。」

　B「はい、少し。もっと （　）です。」

　1 みじかいにしたかった　　　　　2 みじかくしたかった

　3 みじかいになりたかった　　　　4 みじかくなりたかった

③ A「日本では ごはんを 食べる 前に 『いただきます』と 言います。」

　B「食べた あとは （　）言いますか。」

　1 なに　　　　　2 どう　　　　　3 なんで　　　　4 どうして

もんだい2 ＿★＿に 入る ものは どれですか。1・2・3・4から いちばん いい ものを 一つ えらんで ください。

④ 山田「田中さんの いえは、駅から ちかいですね。」

　田中「はい。ちかてつが ＿＿＿ ＿＿＿ ＿★＿ ＿＿＿ なりました。」

　1 とても　　　　2 できて　　　　3 べんりに　　　　4 から

⑤ わたしは ジョンさん＿＿＿ ＿＿＿ ＿★＿ ＿＿＿ つかって います。

　1 ペンを　　　　2 に　　　　　3 たいせつに　　　　4 もらった

（こたえは87ページ）

| 83ページのこたえ：①1　②4　③2　④2→3→★4→1　⑤4→2→★3→1 |

4日目　ひまな とき、何を していますか。

おぼえましょう

わたしは 子どものとき、フランスに すんで いました。

When I was a child, I lived in France. / Khi còn nhỏ, tôi đã sống ở Pháp.

～とき　when ～ / khi ～

- 食事の とき、テレビを けしましょう。
- ひまな とき、何を して いますか。
- あたまが いたい とき、この くすりを 飲みます。
- わたしは 本を 読む とき、めがねを かけます。
- これは 東京に 行った ときに 買いました。

じゅぎょうの 前に、よしゅうを しましょう。

Let's study before class. / Trước giờ học, hãy chuẩn bị bài trước.

Nの 前に…　**Vる 前に…**　… before N/… Before doing V / trước N, …/trước khi làm V, ….

- えいがの 前に、レストランに 行きました。
- いえを 出る 前に、メールします。
  - ❷ 出た 前に
- 日本に 来る 前に、日本語の べんきょうを しました。
  - ❷ 来た 前に

おふろに 入った あとで ビールを 飲みます。

After I take a bath, I drink beer. / Sau khi tắm, tôi uống bia.

Nの あとで　**Vた あとで**　after N / after doing V / sau N / sau khi làm V

- じゅぎょうの あとで 買いものを します。
- べんきょうした あとで カラオケに 行きました。
- ごはんを 食べた あとで はを みがきましょう。
  - ❷ 食べる あとで

I went to the library to return a book. / Tôi đã đi thư viện để trả sách.

| Nに 行きます／来ます／かえります | Vに 行きます／来ます／かえります |

※に indicates an objective. / " に " chỉ mục đích.（「に」は目的を表す。）

- こんどの 日よう日に えいがに 行きましょう。
- ひまな ときは えいがを 見に 行きます。
- また あそびに 来て ください。

れんしゅう

もんだい1 （　）に 何を 入れますか。1・2・3・4から いちばん いい ものを 一つ えらんで ください。

① わたしは （　　） びじゅつかんに えを 見に 行きます。

　1　ひまのとき　　2　ひまなとき　　3　ひまのごろ　　4　ひまなごろ

② A「来週の 日よう日、わたしの うちに あそび（　　）来ませんか。」

　B「いいですね。行きたいです。」

　1　が　　　　　2　も　　　　　3　で　　　　　4　に

③ A「いつ、本を 買いに 行きますか。」

　B「もうすぐ えいがが はじまりますから、えいがの （　　） 行きましょう。」

　1　ときに　　　2　前に　　　　3　あとで　　　4　間に

もんだい2 ＿★＿に 入る ものは どれですか。1・2・3・4から いちばん いい ものを 一つ えらんで ください。

④ きのう、＿＿＿ ＿＿＿ ＿★＿ ＿＿＿ 田中さんに 会いました。

　1　かいもの　　2　行った　　　3　に　　　　　4　とき

⑤ リン「あしたの おべんとう、どうしますか。トムさんのも つくりましょうか。」

　トム「電車に ＿＿＿ ＿＿＿ ＿★＿ ＿＿＿から、だいじょうぶです。」

　1　のる　　　　2　駅で　　　　3　前に　　　　4　買う

（こたえは 89 ページ）

| 85 ページのこたえ：①4　②2　③2　④2→4→★1→3　⑤2→4→★1→3 |

5日目　母は 父より せが 高いです。
（はは）（ちち）（たか）

おぼえましょう

父は 母より わかいです。
（ちち）（はは）

My father is younger than my mother.
Cha tôi trẻ hơn mẹ tôi.

Aは Bより…　　A is more ... than B / A …..hơn (so với) B

・おとうとは　わたしより　せが　高いです。
（たか）

・今日は　きのうより　さむいです。
（きょう）

Aより Bのほうが…　　B is more ... than A / B thì ……hơn (so với) A

・わたしより　おとうとの　ほうが　せが　高いです。
（たか）

・きのうより　今日の　ほうが　さむいです。
（きょう）

Aと Bと どちら…　　Aと Bと どっち…　　between A and B, which is ... / So A và B, cái nào …..hơn?

・A「日本では、ぎゅうにくと ぶたにくと どちらの ほうが 高いですか。」
　（にほん）（たか）
　B「ぎゅうにくの ほうが 高いです。」
　（たか）

・ペンと えんぴつと どっちを よく つかいますか。

くだもの の中で りんごが いちばん すきです。
（なか）

Among fruits, I like apples the best. / Trong các loại trái cây, tôi thích táo nhất.

Aが いちばん…　　A is the most ... / A …nhất

・日本では　ふじ山が　いちばん　高い　山です。
（にほん）（さん）（たか）（やま）

・A「とりにくと ぶたにくと ぎゅうにくで、どれが いちばん 高いですか。」
　（たか）
　B「日本では ぎゅうにくが いちばん 高いです。」
　（にほん）（たか）

休みの 日は 友だちと 買いものに 行ったり、食事を したり します。
やす ひ とも か い しょく じ

On my days off, I do things like go shopping or have a meal with friends.

Ngày nghỉ, tôi đi mua sắm hay dùng bữa với bạn.

～たり、～たり します
※ This is used to show a few examples from a number of actions. / Thể hiện ví dụ trong một số hành động.（いくつかの動作の中から例を表す。）

- なつ休みに　プールへ　行ったり、テニスを　したり　します。
- 先週の　日よう日は、うちで　本を　読んだり、テレビを　見たり　して　いました。

れんしゅう

もんだい1　（　）に　何を　入れますか。1・2・3・4から　いちばん　いい　ものを　一つ　えらんで　ください。

① きょうは　きのう（　）　あついです。

  1　から　　　　　2　まで　　　　　3　より　　　　4　のほうが

② A「くだものの　中で　（　）が　いちばん　すきですか。」　B「りんごです。」

  1　なに　　　　　2　なん　　　　　3　どっち　　　　4　どちら

③ A「東京に　行って、何を　したいですか。」

  B「買いものを　（　）、おいしい　しょくじを　したり　したいです。」

  1　行って　　　　2　かって　　　　3　したり　　　　4　かったり

もんだい2　★に　入る　ものは　どれですか。1・2・3・4から　いちばん　いい　ものを　一つ　えらんで　ください。

④ A「この　パソコンは　10万円でした。」

  B「そうですか。わたし____　____　★____　____　高いですね。」

  1　パソコン　　　2　が　　　　　3　より　　　　4　買った

⑤ 田村「山田さんの　いえ、大きいですね。」

  山田「いいえ、大きく　ありませんよ。

    田中さんの　いえ____　____　★____　____ですよ。」

  1　より　　　　　2　大きい　　　　3　わたしのいえ　　4　のほうが

（こたえは91ページ）

87ページのこたえ：①2　②4　③3　④1→3→★2→4　⑤1→3→★2→4

6日目　かんじを 書くのは むずかしいです。

おぼえましょう

わたしの しゅみは えいがを 見る ことです。

My hobby is watching movies. / Sở thích của tôi là (việc) xem phim.

| Vること | Adding こと to the dictionary form of a verb makes a noun. / Khi thêm " こと (việc)" vào thể tự điển của động từ, sẽ thành danh từ. （動詞の辞書形に「こと」をつけると、名詞になる。） |

＊読む こと　　書く こと　　はしる こと　　あるく こと

- わたしは　はしる ことも　およぐ ことも　すきです。

- かんじを　読む ことは　できますが、書く ことは　できません。

| Vるの | こと can be replaced with の . / " こと " có thể được thay bằng " の ". （「こと」は「の」に言い換えられる。） |

- かんじを　おぼえる のは　たいへんです （＝おぼえる こと）。

- この　きかいを　つかう のは　かんたんです （＝つかう こと）。

※ The ～ことです in the phrase ～は～ことです cannot be replaced with ～のです . / " ～ことです " trong " ～は～ことです " không thể thay bằng " ～のです " được. （「～は～ことです」の「～ことです」は、「～のです」と言い換えることはできない。）

❶ わたしの　しゅみは　えいがを　見るのです。→見る ことです。

わたしは ロシア語を 話す ことが できます。

I can speak Russian. / Tôi có thể nói tiếng Nga.

| Nが できます | Vる ことが できます | can do N / be able to V / có thể N / có thể làm V |

- コンビニが　あるから、いつでも　買いものが　できます。

- だれでも　この　へやを　つかう ことが　できます。

※ When used in comparisons or sentences that use the negative form, が is often changed to は . / Trường hợp thể phủ định hay so sánh, thường thì " が " trở thành " は ". （否定形や比較する場合、「が」は「は」になることが多い。）

- わたしは　日本語を　話す ことは　できますが、書く ことは　できません。

ひらがなは 書けますが、かんじは 書けません。

I can write hiragana, but I can't write kanji. / Tôi có thể viết chữ Hiragana nhưng không thể viết Hán tự.

動詞の可能形 ＝Ｖる ことが できる

＊書く→書ける 話す→話せる およぐ→およげる する→できる 来る→来られる

・日本語は、少し 話せます（＝話す ことが できます）。

・わたしは およげません（＝およぐ ことは できません）。

・ケンさん、あした、何時に 来られますか（＝来る ことが できますか）。

れんしゅう

もんだい１ （　）に 何を 入れますか。１・２・３・４から いちばん いい ものを
一つ えらんで ください。

① リン「トムさんも、うたいましょう。」

　トム「わたしは じょうずに （　）から、みんなの うたを 聞いて います。」

　１ うたいます　　２ うたいました　３ うたえません　４ うたえませんでした

② Ａ「その コンサートに 子どもも 行けますか。」

　Ｂ「いいえ、子どもは （　）ことは できませんよ。」

　１ 行く　　　　　２ 行ける　　　　３ 行って　　　　４ 行った

③ わたしの しゅみは ギターを （　）です。

　１ ひくの　　　　　２ ひくこと　　　　３ ひくのこと　　　４ ひけること

もんだい２ ＿★＿に 入る ものは どれですか。１・２・３・４から いちばん いい
ものを 一つ えらんで ください。

④ 日本人の 名前を ＿＿＿ ＿＿＿ ＿★＿ ＿＿＿です。

　１ おぼえる　　　２ むずかしい　　３ は　　　　　　４ の

⑤ 山田「トムさんは、なんでも 食べられますか。」

　トム「いいえ、たまごを ＿＿＿ ＿＿＿ ＿★＿ ＿＿＿ ことが できません。」

　１ つかった　　　２ 食べる　　　　３ りょうり　　　４ は

（こたえは 94 ページ）

7日目　まとめもんだい

Review Test /
Bài tập tổng hợp

時間：20分

点数　／100

（こたえは別冊 p. 5）

もんだい1　　1 から 3 に 何を 入れますか。ぶんしょうの いみを かんがえて、1・2・3・4から いちばん いい ものを 一つ えらんで ください。

10点×3問

アリさんは 日本語クラスで 「日本の 生活」の ぶんしょうを 書きました。

わたしは 日本へ 1 前に 日本の ことは 2 しりませんでしたから、日本の 生活は わからない ことが たくさん あって、ちょっと たいへんでした。でも、今は 3 なれました。日本で 生活する のは おもしろくて たのしいです。

1　1　くる　　　　2　こない　　　　3　きて　　　　4　きた

2　1　ときどき　　2　いつも　　　　3　まあまあ　　4　ほとんど

3　1　まだ　　　　2　もう　　　　　3　もっと　　　4　すぐに

もんだい2　　つぎの (1)と (2)の ぶんを 読んで、しつもんに こたえて ください。こたえは 1・2・3・4から いちばん いい ものを 一つ えらんで ください。

10点×2問

（1）となりの へやの 人は テレビが 大すきで、いつも 大きい おとで テレビを 見て います。べんきょうを して いる とき、とても うるさいです。「もう少し おとを 小さく して ください。」と 言いたいですが、言う ことが できません。毎日、言いたいと おもいますが、まだ 言って いません。

4　「わたし」は となりの へやの 人に 何か 言いましたか。

1　テレビの おとが うるさいと 言いました。

2　テレビの おとを 小さく して くださいと 言いました。

3　テレビを 見ないで くださいと 言いました。

4　何も 言って いません。

（2）みなさんは 一日に 何かい はを みがきます(※1)か。いつ みがきますか。あさ おきた ときですか、ねる 前ですか。わたしは 食べた あとで みがきます。一日に 3回 ごはんを 食べて、10時ごろと 3時ごろに おかし(※2)を 食べます。

5 「わたし」は いつ はを みがきますか。一日に 何かい みがきますか。

1 おきた ときと ねる 前、2かいです。

2 ごはんを 食べた あと、3かいです。

3 ごはんや おかしを 食べた あと、5かいです。

4 あさ おきた ときと ねる 前と 食べた あと、7かいです。

もんだい3 つぎの ぶんを 読んで、しつもんに こたえて ください。こたえは
1・2・3・4から いちばん いい ものを 一つ えらんで ください。

15点×2問

わたしは 田中さんに「あたまが いたい とき、何を しますか。(※3)」と 聞きました。田中さんは「あたまが いたい とき、わたしは 何も したくないですね。」と 言いました。

「あたまが いたい とき ですよ。」と わたしは もういちど 聞きました。田中さんは わたしに「ミンさんは 何か しますか。」と 聞きましたから、わたしは「くすりを 飲みます。」と こたえました。

田中さんは 「ああ、今、いみが わかりました。わたしも くすりを 飲みますよ。ミンさん、『何を しますか』じゃなくて、『どうしますか。(※4)』を つかいましょう。」と 言いました。

わたしは つかいかたを まちがえました。日本語は むずかしいです。

6 田中さんは 何が わかりましたか。

1 ミンさんが 田中さんに 聞きたかった こと。

2 ミンさんは 日本語が あまり 上手じゃない こと。

3 ミンさんは あたまが いたいとき くすりを 飲む こと。

4 田中さんも あたまが いたいとき くすりを 飲む こと。

7 ミンさんが 言いたかった 日本語は どれですか。

1 あたまが いたい とき、何を しますか。

2 あたまが いたい とき、何か しますか。

3 あたまが いたい とき、どう しますか。

4 あたまが いたい とき、何が したいですか。

❀　リーくんの　さよならパーティー　❀

わたしたちの　クラスの　リーくんが　もうすぐ　国へ　かえります。
みんなで　さよならパーティーを　しましょう！

とき：　　　６月　30日（金）　午後５時〜７時

ところ：　　学生しょくどう　さくら

レストランで　食べたり　飲んだり　ゲームを　したり　します。
一人、2,000円です。この　中から、リーくんへの　プレゼントも　買います。
パーティーには　出られなくて、プレゼントだけ　あげたい　人は　500円です。

お金は　６月15日までに　田中に　はらって　ください。

田中　tel：090 − 1234 − 5678

8　パーティーに　出て、プレゼントも　あげたい　人は　いくら　はらいますか。

1　500円

2　1,500円

3　2,000円

4　2,500円

91ページのこたえ：①3　②1　③2　④1→4→★3→2　⑤1→3→★4→2

第6週

聞く

れんしゅうを しましょう

Let's practice listening / Hãy luyện tập nghe nào

第六週

1日目　じゅんびを しましょう①

💡 あいさつの ことばを おぼえましょう！

Let's learn vocabulary for greetings!
Hãy ghi nhớ từ vựng chào hỏi!

1. はじめて 会ったとき
When meeting someone for the first time / Khi gặp nhau lần đầu tiên

「はじめまして。」
「(どうぞ)　よろしく　おねがいします。」

2. 毎日の あいさつ
Everyday greetings / Chào hỏi hàng ngày

〈 あさ Morning / Buổi sáng 〉　　　　　　　　「おはよう　ございます。」
〈 ひる Afternoon / Buổi trưa 〉　　　　　　　「こんにちは。」
〈 よる Night / Buổi tối〉　　　　　　　　　　「こんばんは。」
〈 よる、ねるとき Night, bedtime / Buổi tối, khi đi ngủ 〉　「おやすみなさい。」

3. わかれるとき
When parting / Khi chia tay tạm biệt

「さようなら。」
「じゃ、また。」
「また　あした。」

〈 よる、かえるとき At night, when going home / Buổi tối, khi ra về 〉
　「おやすみなさい。」

〈 長い 間 会わないとき When you won't be seeing someone for a long time. / Khi một thời gian dài sẽ không gặp nhau 〉
　「お元気で。」

〈 びょうきの 人や からだの ぐあいの わるい 人に
Said to someone who is sick or unwell / Nói với người bị bệnh hay người không được khỏe 〉
　「おだいじに。」

4. 会社や しごと先から かえるとき
When going home from work /
Khi ra về sau giờ làm việc (từ công ty hay nơi làm việc)

「(お先に、)　しつれいします。」
※しつれいします is also used when entering a room. / Cũng sử dụng " しつれいします (Tôi xin phép)" khi bước vào
　phòng. (「しつれいします」は部屋に入るときにも使う。)

5. 何かを あげるとき、何かを すすめるとき

When giving something to someone or suggesting something / Khi cho ai cái gì đó, khi mời ai cái gì đó

A 「(おちゃを) どうぞ。」
B 「ありがとうございます。／どうも。」

6. 何かを たのむとき

When asking a favor / Khi nhờ ai việc gì đó

A 「おねがいします。」
B 「わかりました。」

7. おれいを 言うとき

When thanking someone / Khi nói cảm ơn

A 「ありがとうございます。」
B 「(いいえ、) どういたしまして。」

8. 食事の とき

When eating a meal / Khi dùng bữa

〈 食べる　前 Before eating / Trước khi ăn 〉　「いただきます。」
〈 食べた　あと After eating / Sau khi ăn 〉　「ごちそうさまでした。」

9. 出かけるとき

When going out / Khi đi ra ngoài

A 「行ってきます。」
B 「行ってらっしゃい。」

10. かえったとき

When coming home / Khi trở về

A 「ただいま。」
B 「おかえりなさい。」

11. 店などで

At stores / Ở cửa tiệm v.v.

店の人 「いらっしゃいませ。」
　　　 「ありがとうございました。」

12. あやまるとき

When apologizing / Khi xin lỗi

「すみません。」
「ごめんなさい。」
「しつれいしました。」

※すみません can be used to call someone and also to say thank you. /
　Cũng sử dụng " すみません　(Xin lỗi)" khi gọi ai đó hay nói cảm ơn.
　(「すみません」は呼びかけるときや、お礼を言うときにも使う。)

◀)) No.01　1ばんから　本を　見ながら、音声を　聞いて　みましょう。

2日目　じゅんびを しましょう②

💡 せんたくしの タイプに ちゅういしましょう！

Be careful of the types of multiple-choice answers.
Hãy lưu ý kiểu lựa chọn!

▶ イラスト　Illustration / Tranh vẽ

★イラストの　ちがいに　ちゅういしましょう。

Be careful of differences in illustrations. / Hãy lưu ý điểm khác nhau của tranh vẽ.

[れい]

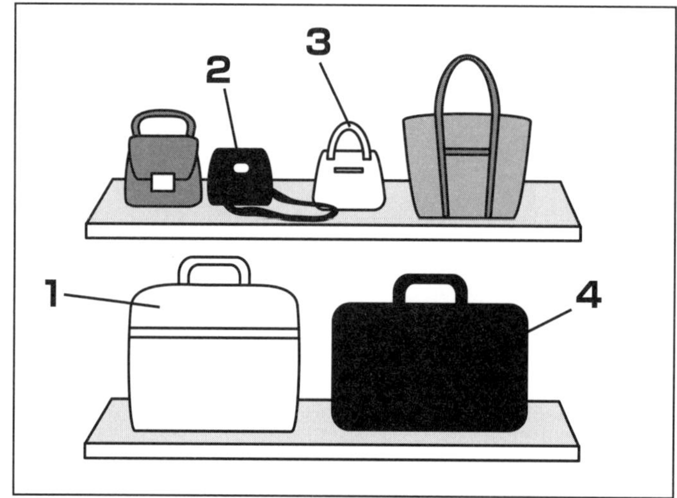

1. 何に　ついての　もんだいですか。

   What is this question about? /
   Câu hỏi về cái gì?

2. ちがいは　何ですか。

   What is the difference? /
   Điểm khác nhau là gì?

1. かばんに　ついての　もんだいです。

   This is a question about bags. / Câu hỏi về túi xách.

2. いろ（しろか　くろか）と　大きさ（小さいか　大きいか）です。

   Color (black or white) and size (small or large) / Màu sắc (trắng hay đen) và kích thước (nhỏ hay lớn).

★みじかい　ことばで　ぶんは　ありません。

This is a short phrase, not a full sentence. / Là cụm từ ngắn, không có câu văn.

[れい①]　ばしょを　こたえる　もんだい

Questions answered with a place / Câu hỏi về địa điểm

1　こうえん
2　がっこう
3　デパート
4　としょかん

☆しつもんは
「どこへ　行きますか。」
「どこで　会いますか。」など

★ Let's review the names of places. / Hãy ôn tập tên của địa điểm（場所の名前を復習しておきましょう。）

[れい②]　すうじを　こたえる　もんだい

Questions answered with numbers / Câu hỏi về chữ số

1　1ばん	1　512 − 7733
2　2ばん	2　512 − 7734
3　3ばん	3　512 − 7743
4　4ばん	4　512 − 7744

☆しつもんは
「何ばんの　へやですか。」
「でんわばんごうは
　何ばんですか。」など

★ Don't worry about learning how to say difficult numbers. Focus instead on being able to hear and recognize numbers 1 to 10. / Hãy cố gắng luyện nghe được chính xác các chữ số từ 1~10 chứ không phải cách nói các chữ số khó.（むずかしい数字の言い方ではなく、1〜10までの数字が正しく聞き取れるようにしておきましょう。）

[れい③]　かぞくの　だれかを　こたえる　もんだい

Questions answered with family members / Câu hỏi về ai đó trong gia đình

1　りょうしん
2　あね
3　あに
4　おとうと

☆しつもんは
「だれと　行きますか。」
「だれに　もらいましたか。」など

★ Be careful of vocabulary for family members. / Hãy lưu ý cách nói trong gia đình.（家族の言い方に注意しましょう。）

わたしの	あなたの／あの 人の
父／母　りょうしん	おとうさん／おかあさん　ごりょうしん
あに／あね おとうと／いもうと	おにいさん／おねえさん おとうとさん／いもうとさん

第六週

第6週　聞(き)くれんしゅうを しましょう

3日目　どれですか　—課題理解(かだいりかい)—

もんだいを 聞(き)く 前(まえ)に、イラストや もじを 見(み)ましょう！

Be sure to take a look at the illustrations and characters before listening to the question!
Trước khi nghe câu hỏi, hãy quan sát tranh vẽ và chữ!

こたえかた

The multiple-choice answers are either illustrations or characters.
Lựa chọn là tranh vẽ hoặc chữ.
せんたくしは　イラストか　もじです。

せつめいと しつもんを 聞(き)きます。 ➔ 話(はなし)を 聞(き)きます。 ➔ もういちど しつもんを 聞(き)きます。 ➔ こたえを えらびます。

れいを しましょう

①イラストを　見(み)ましょう。

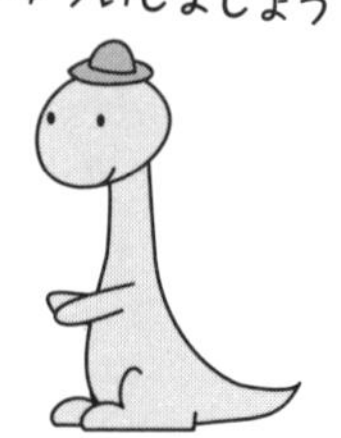

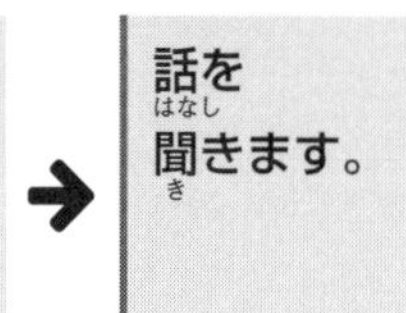

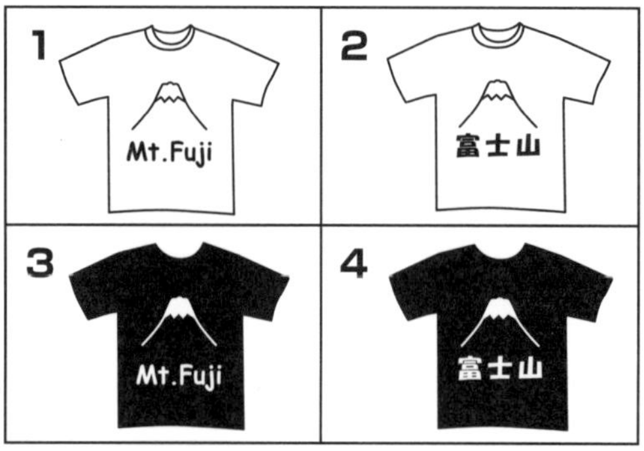

☆いろと　もじが　ちがいます。

The colors and characters are different. /
Màu sắc và chữ khác nhau.

②音声(おんせい)を　聞(き)いて、こたえて　ください。Listen to the CD and answer. / Hãy nghe CD và trả lời.

No.02　① ② ③ ④

③スクリプトを　読(よ)んで、チェックしましょう。

Let's read the script and check. / Hãy đọc nội dung bài nghe và kiểm tra.

女(おんな)の人(ひと)と　店(みせ)の人(ひと)が　話(はな)して　います。女(おんな)の人(ひと)は、どの　Tシャツ(ティー)を　買(か)いますか。

女(おんな)の人(ひと)：すみません。これは　白(しろ)いのだけですか。くろいのが　ありますか。
店(みせ)の人(ひと)：くろいのも　ありますよ。もじが　えい語(ご)と　日本語(にほんご)が　ありますが、
　　どちらが　いいですか。
女(おんな)の人(ひと)：えい語(ご)のを　ください。

女(おんな)の人(ひと)は、どの　Tシャツ(ティー)を　買(か)いますか。

☆こたえ：3ばん

★ The illustrations is of an object or someone doing something. / Tranh vẽ là đồ vật hay người đang làm gì đó.
イラストは　ものや　何かを　して　いる　人です。

★ When the multiple choice answers are characters, there tend to be many questions that are answered using numbers or counters like「1ばん、2ばん…」「1かい、2かい…」and「1人、2人…」. Take note of this. / Khi lựa chọn là chữ, thường là câu hỏi để trả lời chữ số như " 1ばん、2ばん…(thứ nhất, thứ 2…)", " 1かい、2かい…(tầng 1, tầng 2…)", " 1人、2人…(1 người, 2 người…)" v.v. Hãy viết nháp lại.
せんたくしが　もじの　とき、「1ばん、2ばん…」「1かい、2かい…」「1人、2人…」など、すうじを　こたえる　もんだいが　多いです。メモしましょう。

★ There are times when two people are talking together and times when only one person is talking. / Có khi 2 người nói chuyện và có khi 1 người nói chuyện.
二人で　話して　いる　ときと　一人で　話して　いる　ときが　あります。

れんしゅう

（こたえは別冊 p.6）

この　もんだいでは、はじめに　しつもんを　きいて　ください。それから　はなしを
きいて、1から4の　なかから、いちばん　いい　ものを　ひとつ　えらんでください。

No.03　1ばん　　① ② ③ ④

No.04　2ばん　　① ② ③ ④

1　2ばん

2　3ばん

3　4ばん

4　5ばん

「これから」
「〜の　前に」
「〜の　あとで」
などの　ことばに
ちゅういしましょう。

Be careful of words like これから , 〜の前に , and 〜のあとで . / Hãy lưu ý các từ vựng như " これから (từ đây sắp tới)", " 〜の前に (trước ~)", "(〜のあとで (sau ~)" v.v.

かいぎ
meeting / cuộc họp

よやく
reservation / đặt trước

第六週

4日目　どうしてですか　—ポイント理解（りかい）—

💡 はじめに せんたくしを 読（よ）みましょう！

Let's read the multiple-choice answers first!
Trước tiên, hãy đọc các lựa chọn!

こたえかた

The multiple-choice answers are characters. / Lựa chọn là chữ.
せんたくしは　もじです。

せつめいと しつもんを 聞（き）きます。	→	話（はなし）を 聞（き）きます。	→	もういちど しつもんを 聞（き）きます。	→	こたえを えらびます。

れいを しましょう

① はじめに、1ばんから　4ばんまで　読（よ）みましょう。

1	パンや
2	えき
3	こうえん
4	スーパー

☆ばしょを　えらぶ　もんだいです。

This is a question about picking a place.
Câu hỏi chọn địa điểm.

② 音声（おんせい）を　聞（き）いて、こたえて　ください。

🔊 No.05　① ② ③ ④

③ スクリプトを　読（よ）んで、チェックしましょう。

学校（がっこう）で、男（おとこ）の　学生（がくせい）と　女（おんな）の　学生（がくせい）が　話（はな）して　います。
男（おとこ）の　学生（がくせい）は、おべんとうを　どこで　買（か）いますか。

女（おんな）：今日（きょう）は　天気（てんき）が　いいですね。おひるごはんは、こうえんで　食（た）べましょう。
男（おとこ）：いいですね。おべんとうを　買（か）いに　スーパーへ　行（い）きませんか。
女（おんな）：わたしは、けさ、駅前（えきまえ）の　パンやで　サンドイッチを　買（か）いました。おべんとう、
　　　　こうえんの　中（なか）でも　うって　いますよ。
男（おとこ）：そうですか、じゃ、そこで　買（か）います。

男（おとこ）の　学生（がくせい）は、おべんとうを　どこで　買（か）いますか。

☆こたえ：3ばん

★There are many questions that ask about places using phrases like どこへ 行きますか, どこで 会いますか and どこで しますか. / Thường là các câu hỏi địa điểm như " どこへ　行きますか。(Đi đâu?)", " どこで 会いますか。(Gặp nhau tại đâu?)", " どこで　しますか。(Làm ở đâu?)" v.v.

「どこへ　行きますか。」「どこで　会いますか。」「どこで　しますか。」など、ばしょを 聞く　もんだいが　多いです。

★Be sure to always takes notes for questions that deal with numbers. / Câu hỏi xuất hiện chữ số thì nhất định hãy viết nháp ghi chú lại

すうじが　出てくる　もんだいは、かならず　メモしましょう。

★Be careful of vocabulary for family members. / Hãy lưu ý cách nói trong gia đình.

かぞくの　言いかたに　ちゅういしましょう。⇨ p.99

★Listen to whether you are being asked about a man or a woman. / Hãy lưu ý đang bị hỏi về người nào, đàn ông, hay phụ nữ.

男の人か、女の人か、どちらに　ついて　聞かれて　いるか　ちゅういしましょう。

れんしゅう

（こたえは別冊 p.7）

この　もんだいでは、はじめに　しつもんを　きいて　ください。それから　はなしを きいて、1から4の　なかから、いちばん　いい　ものを　ひとつ　えらんで　ください。

🔊 No.06　1ばん　

1　1かい
2　2かい
3　3かい
4　4かい

ディズニーランド

Disneyland (amusement park) /Disney Land (công viên giải trí)

🔊 No.07　2ばん　

1　あに
2　あね
3　おとうと
4　いもうと

しつもんに　ちゅうい して　聞きましょう。

Listen carefully to the questions. / Hãy tập trung nghe câu hỏi.

5日目　何と 言いますか　―発話表現―

💡はじめの せつめいに ちゅういしましょう！

Be careful of the first explanation.
Hãy lưu ý phần giải thích lúc đầu!

こたえかた

イラストを 見ながら、せつめいと しつもん「何と 言いますか。」を 聞きます。
➡の 人に 気をつけて 聞きます。

Look at the illustration and listen to the explanation and the question 何と 言いますか. ➡ Listen carefully to what is said about this person. / Vừa xem tranh vẽ vừa nghe giải thích và câu hỏi " 何と 言いますか。(Gọi/ Nói gì?)" Lắng nghe người có dấu ➡ nói.

➡

3つの せんたくし 1・2・3が おんせいで 聞こえます。
➡の 人が 言う ことを えらびます。

Three multiple choice-answers will be read.
➡ Choose the dialog that belongs to this person. / Có thể nghe được 3 lựa chọn 1, 2, 3 bằng âm thanh.
Chọn câu/việc mà người có dấu ➡ nói.

★イラストを よく 見て、ばしょも ちゅういしましょう。
Look at the illustration carefully and pay close attention to the setting.
Hãy quan sát kỹ tranh vẽ và lưu ý cả địa điểm.

れいを しましょう

①イラストを 見て ください。どんな ことが わかりますか。

☆ごはんを 食べる 前ですね。
Before eating. / Trước khi ăn cơm nhỉ.

②音声を 聞いて、こたえて ください。

🔊 No.08　① ② ③

③スクリプトを 読んで、チェックしましょう。

これから、ごはんを 食べます。何と 言いますか。

1　どういたしまして。
2　いただきます。
3　ごちそうさまでした。

☆こたえ：2ばん

★ Be careful of vocabulary used in greetings. / Hãy lưu ý từ vựng chào hỏi.
あいさつの　ことばに　ちゅういしましょう。⇨ p. 96, 97

★ Let's learn phrases that can be used in various places. / Hãy ghi nhớ cách nói được dùng ở nhiều địa điểm khác nhau.
いろいろな　ばしょで　つかう　言いかたを　おぼえましょう。

きょうしつなどで：「ペンを　かして　ください。」「どうぞ、つかって　ください。」など

店で：店の人「いらっしゃいませ。」「どうぞ、こちらへ。」
　　　きゃく（customer / khách hàng）「〜を　ください。」「〜を　おねがいします。」
　　　　　　　　「すみません。」

※すみません isn't just for apologizing; it is also used to call the server in a restaurant. / "すみません (Xin lỗi)" không chỉ dùng để xin lỗi mà còn dùng khi gọi người trong nhà hàng v.v.（「すみません」は、あやまるときだけではなく、レストランなどで呼びかけるときにも使う。）

れんしゅう

（こたえは別冊 p.8）

この　もんだいでは、えを　みながら、しつもんを　きいて　ください。➡（やじるし）の
ひとは　なんと　いいますか。１から３の　なかから、いちばん　いい　ものを　ひとつ
えらんで　ください。

🔊 No.09　1ばん　

女の人の　へんじ
「どうぞ、つかって
ください。」
「いいですよ。」など。

🔊 No.10　2ばん　

「テレビを　けして
ください。」も
言えます。

6日目　どんな へんじを しますか　—即時応答—

💡 はじめの ぶんの タイプに ちゅういしましょう！

Be careful what type of sentence the first sentence is.
Hãy lưu ý kiểu câu đầu tiên!

こたえかた

みじかい ぶんを 聞きます。	→	3つの せんたくし 1・2・3が おんせいで 聞こえます。 いちばん いい ものを えらびます。
Listen to the short sentence. / Nghe câu ngắn.		Three multiple choice-answers will be read in order. Choose the best answer. / Có thể nghe được 3 lựa chọn 1, 2, 3 bằng âm thanh. Chọn câu tốt (thích hợp) nhất.

ひとつの会話です。This is one conversation. / Là một đoạn hội thoại.

れいを しましょう

①音声を 聞いて、こたえて ください。

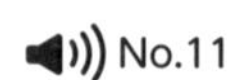 No.11　① ② ③

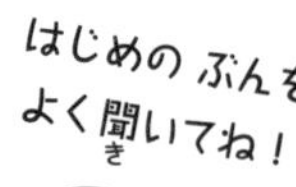

②スクリプトを 読んで、チェックしましょう。

何か 飲みませんか。
　1　まだ 飲んで いません。
　2　おなかが すいて いません。
　3　いいですね。

☆こたえ：3ばん

★ The answer to questions like どこに　行きますか is not always a place. / Câu trả lời cho câu hỏi " どこに　行きますか (Đi đâu?)" không chỉ có địa điểm.

しつもん「どこに　行きますか。」などの　こたえは、ばしょだけでは　ありません。

EX「食事に　行きます。」「本を　かえしに　行きます。」　など

★ Be careful when answering questions using 〜ましょうか and 〜ませんか. / Hãy lưu ý cách trả lời của những câu như " 〜ましょうか (Hãy 〜 nào)", " 〜ませんか (không 〜 sao?)" v.v.

「〜ましょうか。」「〜ませんか。」などの　こたえかたに　ちゅういしましょう。

EX「まどを　あけましょうか。」→「おねがいします。」

「ちょっと　休みませんか。」→「そう　しましょう。」

「本を　見せて　ください。」→「はい、どうぞ。」　　など

れんしゅう

（こたえは別冊 p.8）

この　もんだいは、えなどが　ありません。ぶんを　きいて　１から３の　なかから、いちばん　いい　ものを　ひとつ　えらんで　ください。

No.12　1ばん　①　②　③

No.13　2ばん　①　②　③

No.14　3ばん　①　②　③

No.15　4ばん　①　②　③

第六週

かぞくの　言いかたを　ふくしゅうしましょう。

Let's review vocabulary for family members. / Hãy ôn tập cách nói trong gia đình.

「行きます」を　つかった　こたえかた　では　ありません。

This is not a question that is answered using 行きます. / Không phải cách trả lời dùng "行きます (Sẽ đi)".

7日目　まとめもんだい

Review Test /
Bài tập tổng hợp

時間：15分
じかん　ふん

点数
てんすう
／100

（こたえは別冊 p. 9 〜 12）
べっさつ

もんだい1

10点×2問
てん　　もん

もんだい1では、はじめに　しつもんを　きいて　ください。それから　はなしを
きいて、1から4の　なかから、いちばん　いい　ものを　ひとつ　えらんで
ください。

◀)) No.16　1ばん　

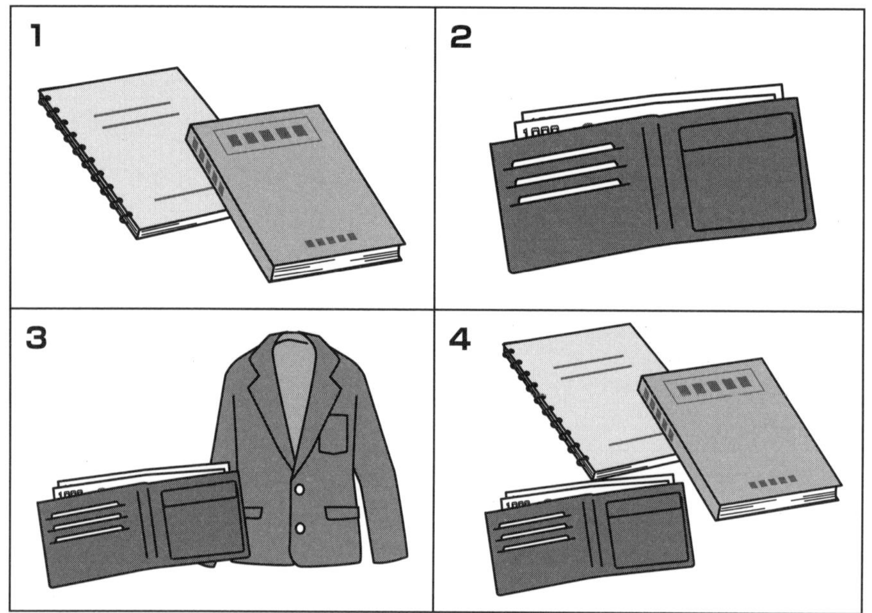

◀)) No.17　2ばん　① ② ③ ④

1　1ばんせん

2　2ばんせん

3　3ばんせん　と　4ばんせん

4　5ばんせん

もんだい2

もんだい2では、はじめに　しつもんを　きいて　ください。それから　はなしを
きいて、1から4の　なかから、いちばん　いい　ものを　ひとつ　えらんで
ください。

🔊 No.18　1ばん　　①　②　③　④

1　えいが
2　くうこう
3　タイ
4　きょうと

🔊 No.19　2ばん　　①　②　③　④

1　1－3－15
2　1－5－13
3　1－3－13
4　1－5－15

🔊 No.20　3ばん　　①　②　③　④

1　ぎんこうの　まえ
2　コンビニの　まえ
3　パンやの　まえ
4　バスの　まえ

第六週

もんだい3

もんだい3では、　えを　みながら　しつもんを　きいて　ください。➡（やじるし）の
ひとは　なんと　いいますか。1から3の　なかから、いちばん　いい　ものを
ひとつ　えらんで　ください。

 No.21　1ばん　① ② ③

 No.22　2ばん　① ② ③

もんだい4

もんだい4は、えなどが　ありません。ぶんを　きいて、1から3の　なかから、
いちばん　いい　ものを　ひとつ　えらんで　ください。

 No.23　1ばん　① ② ③

No.24　2ばん　① ② ③

 No.25　3ばん　① ② ③

イラスト	花色木綿
翻訳	Red Wind（英語）
	NGUYEN DO AN NHIEN（ベトナム語）
	Max Daniel Silveira de Freitas（ポルトガル語）
	Hayu Sayektiningati（株式会社シーオーエス）（インドネシア語）
	ラマ 美弥（ネパール語）
	斎藤 海（タガログ語）
	Risingsun Sri Lanka (Pte.) Ltd.　A.T. Bandara（シンハラ語）
	MAY MYAT MON（ミャンマー語）
ナレーション	江尻拓巳　安田未央
編集・DTP	有限会社ギルド／株式会社明昌堂
装丁	岡崎裕樹
印刷・製本	日経印刷株式会社

「日本語能力試験」対策

日本語総まとめ N5
かんじ・ことば・ぶんぽう・読む・聞く［多言語対応版］

2017 年　6 月 22 日　初版　第 1 刷発行
2023 年　9 月 25 日　多言語対応版　第 1 刷発行
2026 年　3 月 25 日　多言語対応版　第 4 刷発行

著　者	佐々木仁子・松本紀子
発　行	株式会社アスク
	〒 162-8558 東京都新宿区下宮比町 2-6
発行人	天谷修身

書籍に関するお問い合わせ

 https://ask-books.com/support/

日本語総まとめ N5
NIHONGO SO-MATOME

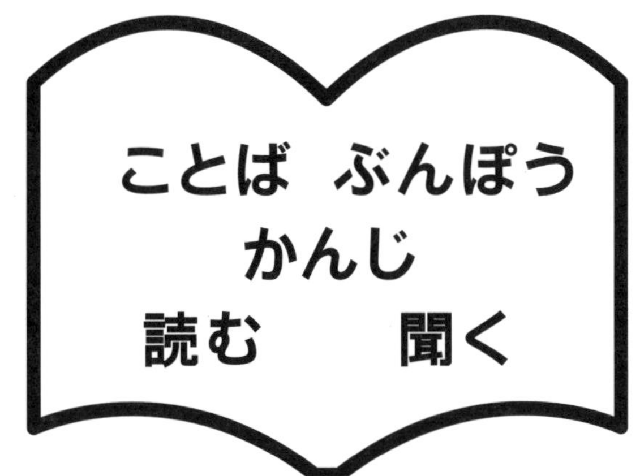

解答・解説・スクリプト

answers, explanations, scripts
Đáp án - Giải thích - Nội dung bài Nghe hiểu

ask

もんだい1

1	2	ことし
2	1	おとな
3	4	うしろ
4	3	こうちょう
5	3	おおい
6	1	ふるい
7	2	そら
8	4	おんな
9	3	へた
10	4	あいだ
11	1	すくない
12	2	いちじかんはん

もんだい2

13	4	エアコン
14	3	入口（いりぐち）
15	1	来て（き）
16	3	天気（てんき）
17	2	花火（はなび）
18	1	道（みち）
19	1	一日中（いちにちじゅう）
20	3	足（あし）

もんだい1

1	2	おもい
2	3	かえります
3	1	かけて
4	2	いつも
5	3	おかあさん
6	1	すいえい
7	4	つめたい
8	3	つかって
9	1	すいた
10	3	ちょっと

もんだい2

11	2	だいたい　おわる →もうすこし　ある
12	4	いそいで →はやく
13	1	あきが　すき →あきは　すきな　きせつ
14	2	かぎを　つくえの　うえに　おく →かぎは　つくえの　うえに　ある
15	3	むすこは　こどもが　いる →わたしは　まごが　いる

もんだい1

This is grammar review. Be careful of particles and conjugations. / Ôn tập ngữ pháp. Lưu ý trợ từ và chia động từ.（文法の復習です。助詞や活用に注意しましょう。）

（※1）なっとう natto (fermented soybeans) / món đậu lên men natto

（※2）すし sushi / sushi

（※3）おかし sweets / bánh kẹo

| 1 | 3 | で |

| 2 | 3 | すきじゃなかったです |

| 3 | 2 | きらいな |

もんだい2

Read the question first, then look for the answer. / Hãy đọc câu hỏi trước và tìm câu trả lời.（質問を先に読んで、答えをさがしましょう。）

| 4 | 3 | 二つ　買って、300円でした。 |

＊わたしと　友だち、二人で　四つ、ぜんぶで　四つ　買いました。一人　二つ。四つで　600円ですから　一人　300円です。

| 5 | 2 | バスで　行きました。30分でした。 |

＊うちから　学校まで　じてんしゃで　30分。雨の日は　バスで　行きます。きのうは　雨でしたから、バスで　行きましたが、じてんしゃと　同じくらいかかったので、30分。

もんだい3

| 6 | 4 | 「まい」は　かみや　シャツに　つかいますから。 |

（※4）テーブル（＝席）に　あんないする
show someone to their table/
hướng dẫn đến bàn (= chỗ ngồi)

| 7 | 3 | 先生に　しつもんします。 |

＊ Tan-san thought he hear the store clerk say, " なんまいさま ", but they actually said the polite form of 何人ですか , which is " 何名様 ." / Tân nghe ra là " なんまいさま " nhưng thật ra nhân viên cửa tiệm nói " 何名様（なんめいさま）" (cách nói lịch sự của " 何人ですか (mấy người?)"

（タンさんは「なんまいさま」と　聞きましたが、店の　人は　「何名様」〈「何人ですか」のていねいな　ひょうげん〉と　言いました。）

もんだい4

You will not have time to read the question slowly. Read the question first, then read only the parts of the text that relate to the answers. / Nếu đọc chậm sẽ hết thời gian. Bạn đọc câu hỏi trước và chỉ đọc phần có liên quan.（ゆっくり読むと時間がなくなります。質問を先に読んで、関係のあるところだけ読みましょう。）

（※5）バラえん rose garden / vườn hoa hồng

（※6）ローズカフェ rose café / tiệm nước (cà phê) Hoa hồng

（※7）イベント event / sự kiện

（※8）フラワーアレンジメント flower arrangement / cắm hoa

| 8 | 3 | 5月20日（土） |

＊コンサートは　火・木・土よう日ですが、バラの　おちゃは　土よう日だけです。コンサートは　16日からですから、5月20日（土）。

もんだい１

（※１）文化 culture / văn hóa

（※２）おちゃの会 tea ceremony, formal tea party /
　　　　tiệc trà

（※３）きもの kimono / kimono

| 1 | **2** | きれいで |

| 2 | **3** | おいしかった |

| 3 | **4** | だれでも |

もんだい２

| 4 | **4** | リーさんに　本を　かえしに |

行きます。

（※４）ちょっと… a little / một chút

＊ Phrases for when something is inconvenient or
ill-timed. / Cách diễn đạt dùng khi không thu
xếp được.（都合が悪いときに使う表現。）

| 5 | **4** | ラーメンの　店を　もちたいです。 |

（※５）バイト part-time job / việc làm thêm

（※６）ゆめ dream / giấc mơ, ước mơ

もんだい３

（※７）火事 fire / hỏa hoạn

（※８）火事を けす あかい 車
＝ 消防車 fire truck / xe chữa cháy

（※９）事故 accident / tai nạn

（※10）けがを する be injured / bị thương

（※11）たすける save / giúp đỡ

（※12）けがは かるい an injury is light / vết thương nhẹ

| 6 | **2** | 火事や　事故の　ときに　来る |

車です。

（※13）けがを した 人をびょういんにつれて行く 車
＝ 救急車 ambulance / xe cấp cứu

| 7 | **3** | けがが　かるかったから。 |

もんだい４

（※14）セール sale / giảm giá

（※15）マフラー scarf, muffler / khăn choàng

（※16）はがき postcard / bưu thiếp

（※17）１かいに 10 まいまで
up to 10 per purchase /
1 lần tối đa (cho đến) 10 tấm

| 8 | **4** | マフラーは　４月、コートは７月。 |

＊ Be aware that the discount rate is different from Monday
to Friday than it is on Saturday. / Hãy lưu ý vì tỉ lệ phần
trăm giảm giá vào thứ Hai~ thứ Sáu và thứ Bảy khác
nhau.（月～金よう日と土よう日では安くなる割引率が
違いますから、注意しましょう。）

もんだい1

1　1　くる

2　4　ほとんど

3　2　もう

もんだい2

4　4　何も　言って　いません。

5　3　ごはんや　おかしを　食べた
あと、5かいです。

（※1）はを　みがく　brush teeth / đánh răng

（※2）おかし　sweets / bánh kẹo

もんだい3

（※3）何を　しますか。　What are you going to do? /
Sẽ làm gì?

（※4）どう　しますか。　What will you do? /
Sẽ làm thế nào?

6　1　ミンさんが　田中さんに
聞きたかった　こと。

7　3　あたまが　いたい　とき、どう
しますか。

＊あたまが いたい とき どうしますか。
What do you do when your head hurt? /
Khi nhức đầu, làm thế nào?

＊ When there is a problem like "my head hurts" or "the
bus won't come", the phrase どうしますか is used. /
Dùng "どうしますか。(làm thế nào?)" khi có vấn đề gì
đó như "あたまが　いたい (nhức đầu)", "バスが
来ない (xe buýt không đến)" v.v.
（「あたまが　いたい」「バスが　来ない」など、何か
もんだいが　ある　ときは「どうしますか」を
つかいます。）

もんだい4

8　3　2,000円

＊ People who will be attending the party will pay 2,000
yen. The cost of presents is included in this 2,000 yen.
/ Người đi dự tiệc sẽ trả 2.000 yên. Tiền quà cũng nằm
trong số 2.000 yên.
（パーティーに　出る　人は　2,000円　はらいます。
プレゼント代も　2,000円の　中に　入って　います。）

3日目 (p. 101)
みっかめ

	こたえ	スクリプト
1ばん 🔊 No.03	4	男の人と女の人が話しています。二人は、これから何をしますか。 女：たくさん本を買いましたね。 男：はい、おもいです。えいがの前に、何か食べませんか。 　　おなかがすきました。 女：えいがは6時からですよ。今、5時40分です。早く行きましょう。 　　あ、そこで、チョコレートを買ってから行きましょう。 男：そうですね。ごはんは、えいがのあとですね。 二人は、これから何をしますか。
2ばん 🔊 No.04	1	会社で、男の人と女の人が話しています。 来週、何ばんのへやで、かいぎをしますか。 女：来週のかいぎは、どのへやでしますか。 男：そうですね。3ばんと4ばんのへやは、ちょっと小さいですから、 　　ほかのへやがいいですね。 女：えーっと、このかいぎは3時からですね。1ばんと5ばんのへやは、 　　おなじ時間でほかのかいぎがありますから、2ばんですね。 男：じゃ、よやくをおねがいします。 来週、何ばんのへやで、かいぎをしますか。

	こたえ	スクリプト
1ばん ◀)) No.06	1	男の学生と女の学生が話しています。 男の学生は、ディズニーランドに何かい行きましたか。 男：きのう、はじめてディズニーランドへ行きました。* 女：そうですか。わたしは3かい行きました。リンさんは、もう4かい　行きましたよ。どうでしたか。 男：とてもたのしかったです。また行きたいです。 男の学生は、ディズニーランドに何かい行きましたか。
2ばん ◀)) No.07	4	男の人と女の人が話しています。女の人は、だれと買いものに行きましたか。 男：きのうは、何をしましたか。 女：いもうとと買いものに行きました。おとうとのたんじょう日の　プレゼントを買いました。 男：いいおねえさんですね。リンさん、きょうだいは3人ですか。 女：いいえ、あにもいます。 女の人は、だれと買いものに行きましたか。

* 男の　学生は「はじめて　行きました。」と　言って　います。

	こたえ	スクリプト
1ばん ◀)) No.09	3	けしゴムがありません。友だちに何と言いますか。 1　けしゴム、つかいましょうか。 2　けしゴム、かりませんか。 3　けしゴム、かしてください。
2ばん ◀)) No.10	2	テレビのおとがうるさいです。何と言いますか。 1　ちょっと、電話をしないでください。 2　ちょっと、テレビのおと、小さくしてください。 3　ちょっと、テレビを見ましょう。

	こたえ	スクリプト
1ばん ◀)) No.12	2	田中さんは、きょうだいがいますか。 1　母といっしょにいます。 2　おとうとがひとりいます。 3　だれもありません。
2ばん ◀)) No.13	2	田中さんは、何時にかえりましたか。 1　まだ来ません。 2　5時ごろです。 3　バスでかえりました。
3ばん ◀)) No.14	1	なつ休みにどこへ行きますか。 1　国にかえります。 2　行ってきます。 3　気をつけてください。
4ばん ◀)) No.15	3	それは、だれの本ですか。 1　いいえ、じしょです。 2　日本語の本です。 3　トムさんのです。

もんだい1

	こたえ	スクリプト
1ばん ◀)) No.16	3	クラスで先生が話しています。学生は何をもって、外へ出ますか。 女：今から、火事^{（※1）}のときの　れんしゅうをします。アナウンス^{（※2）}が 　　あったら、みんなでいっしょに外へ出ます。ノートや本などは 　　もたないで、さいふだけもって、早く外へ出ます。 男：火事です。外へ出てください。これはれんしゅうです。火事です。 　　外へ出てください。 女：さあ、早く！　あ、外はさむいですから、うわぎ^{（※3）}はもって！ 学生は何をもって、外へ出ますか。
2ばん ◀)) No.17	4	男の人と女の人が話しています。男の人は、何ばんせんの電車にのりますか。 男：すみません、この電車は　大山駅へ行きますか。 女：いいえ、大山駅へ行く電車は3ばんせん^{（※4）}と4ばんせんです。 男：そうですか。 女：あ、でも、今の時間は5ばんせんから出ます^{（※5）}。 　　かいだんをあがって、むこう^{（※6）}のホーム^{（※7）}ですよ。 男：あ、はい、わかりました。ありがとうございます。 男の人は、何ばんせんの電車にのりますか。

（※1）火事 fire / hỏa hoạn

（※2）アナウンス announcement / loa thông báo

（※3）うわぎ coat, outer garment / áo khoác

（※4）〜ばんせん track number 〜 / tuyến số 〜

（※5）（電車が）出る (a train) departs / (tàu điện) xuất phát

（※6）むこうの on the other side, over there / phía bên kia

（※7）ホーム platform / sân ga

もんだい2

	こたえ	スクリプト
1ばん 🔊 No.18	2	男の学生と女の学生が話しています。女の学生は、あした、どこへ行きますか。 男：タンさん、あしたかあさって、いっしょにえいがに行きませんか。 女：あ、あしたは、あにとくうこう^(※1)へ行きます。りょうしんがタイから来ますから。それで、あさっては、みんなで京都へ行きます。 男：そうですか。たのしみ^(※2)ですね。 女の学生は、あした、どこへ行きますか。
2ばん 🔊 No.19	1	女の先生と男の学生が話しています。女の先生のじゅうしょ^(※3)は、どれですか。 女：ジムさん、ねんがじょう^(※4)をありがとう。でも、ちょっとおそく^(※5)来ました。じゅうしょがちょっとまちがって^(※6)いましたから。1の5の13じゃなくて、1の3の15ですよ。 男：え、あ、今、書きます。えっと、1の5じゃなくて…、1の… 女：3の15です。 男：わかりました。すみませんでした。 女の先生のじゅうしょは、どれですか。

（※1）くうこう airport / sân bay

（※2）たのしみ enjoyment, amusement / niềm vui

（※3）じゅうしょ address / địa chỉ

（※4）ねんがじょう New Year's card / thiệp chúc Tết

（※5）おそく late / trễ, muộn

（※6）まちがう be mistaken / sai, nhầm

	こたえ	スクリプト
3ばん ◀)) No.20	3	男の人と女の人が電話で話しています。男の人は、どこでまちますか。 男：もしもし、あ、田中です。今、駅につきました^(※1)。 女：はい、じゃ、今から車で行きますから、…えっと、今どこにいますか。 男：南口にいます。コンビニの前です。 女：あ、そう…えっと、そこはバスがとまりますから、パンやさんの前が 　　いいですね、ぎんこうのとなりの。 男：パンやさん、…あ、はい、わかりました。 男の人は、どこでまちますか。

（※1）つく arrive / đến

もんだい3

	こたえ	スクリプト
1ばん ◀)) No.21	1	エレベーターの中です。ドアがあきました^(※1)。女の人に何と言いますか。 1　どうぞ。 2　おだいじに。 3　お先にしつれいします。
2ばん ◀)) No.22	3	きょうしつで話しています。先生のしつもんがわかりません。 先生に何と言いますか。 1　もういちどください。 2　もういちど言いませんか。 3　もういちどおねがいします。

（※1）あく open / mở

もんだい4

	こたえ	スクリプト
1ばん 🔊 No.23	1	それは何のざっしですか。 　1　車のざっしです。 　2　田中さんのです。 　3　おもしろいざっしです。
2ばん 🔊 No.24	3	毎日、よるおそくまで、べんきょうしています。 　1　すみません。 　2　いいですよ。 　3　たいへんですね。
3ばん 🔊 No.25	2	てつだいましょうか。 　1　どうぞ。 　2　おねがいします。 　3　こちらこそ。